Mirosław Omieljanowicz

Procesory czasu rzeczywistego w analizie sygnałów wibroakustycznych

Mirosław Omieljanowicz

Procesory czasu rzeczywistego w analizie sygnałów wibroakustycznych

Rekonfigurowalna architektura systemu obliczeniowego do diagnostyki wibroakustycznej

Wydawnictwo Bezkresy Wiedzy

Impressum / Imprint
Bibliografische Information der Deutschen Nationalbibliothek: Die Deutsche Nationalbibliothek verzeichnet diese Publikation in der Deutschen Nationalbibliografie; detaillierte bibliografische Daten sind im Internet über http://dnb.d-nb.de abrufbar.

Informacja bibliograficzna Niemieckiej Biblioteki Narodowej: Niemiecka Biblioteka Narodowa rejestruje tę publikację w Niemieckiej Bibliografii Narodowej; szczegółowe informacje bibliograficzne dostępne są w Internecie na stronie http://dnb.d-nb.de.

Coverbild / Okładka: www.ingimage.com

Verlag / Wydawnictwo:
Wydawnictwo Bezkresy Wiedzy
ist ein Imprint der / jest znakiem handlowym
OmniScriptum GmbH & Co. KG
Bahnhofstraße 28, 66111 Saarbrücken, Deutschland / Niemcy
Email: info@omniscriptum.com

Herstellung: siehe letzte Seite /
Druk: patrz ostatnia strona
ISBN: 978-3-639-89104-1

Zugl. / Approved by: Białystok, Politechnika Białostocka, rozprawa doktorska 2003

Spis treści

Od autora

Rozprawa ta powstała w Katedrze Systemów Czasu Rzeczywistego, Wydziału Informatyki Politechniki Białostockiej. Na tej stronie chciałbym podziękować wszystkim, którzy przyczynili się do jej powstania.

Moje serdeczne podziękowania kieruję w pierwszej kolejności do Pana Profesora Aleksandra Piotrowskiego mojego przewodnika w świecie nauki, za inspirację i wsparcie nie tylko merytoryczne, przez wszystkie lata pracy nad tą rozprawą.

Chciałbym podziękować także mojej żonie Jolancie za utwierdzanie mnie w dążeniu do realizacji tej pracy.

Dziękuję też wszystkim koleżankom i kolegom za wspaniałą atmosferę pracy, życzliwe zainteresowanie i konstruktywną krytykę.

Wykaz ważniejszych oznaczeń

$\mathbb{R}$ - ogólnie reguła przetwarzania sygnału cyfrowego

$x(n), x[n]$ - wejściowy sygnał cyfrowy w chwili *n*

$y(n), y[n]$ - wyjściowy sygnał cyfrowy w chwili *n*

f_0 - częstotliwość środkowa filtru

Δf - szerokość pasma przepustowego filtru

$x(t, f_0, \Delta f)$ - część sygnału *x(t),* wydzielona filtrem o częstotliwości środkowej f_0 i szerokości pasma przepustowego Δf

$G_x(t)$ - widmowa gęstość mocy ergodycznego procesu losowego x(t)

$\hat{G}_x(t)$ - estymata widmowej gęstości mocy ergodycznego procesu losowego x(t)

$\hat{S}_{xy}(f)$ - synfazowa składowa widmowej gęstości mocy

$\hat{P}_{xy}(f)$ kwadraturowa składowa widmowej gęstości mocy

f_{ga} - częstotliwość graniczna filtru analogowego

f_s - częstotliwość próbkowania, częstotliwość dyskretyzacji

$\Delta t = 1/f_s$ - okres próbkowania

f_N - częstotliwość Nyquista

f_p - najwyższa częstotliwość pracy analizatora widma

Δt - okres próbkowania, dyskretyzacji

$X(j\omega)$ - widmo wejściowego sygnału dyskretnego

$H(z)$ -impulsowa funkcja przenoszenia

X_k - zmienna binarna

A_k - współczynnik mnożenia zmiennej X_k

x_{ki} - i-ty bit zmiennej binarnej X_k

$H(\omega)$ - funkcja przenoszenia filtru w dziedzinie częstotliwości

$H_p(\omega)$ - funkcja przenoszenia ogniwa podstawowego filtru w dziedzinie częstotliwości

$H_c(\omega)$ - funkcja przenoszenia filtru cyfrowego w dziedzinie częstotliwości

ω_g - pulsacja graniczna 3dB

ω_{gB} - pulsacja graniczna 3dB filtru Buttherwortha

ω_{gCZ} - pulsacja graniczna 3dB filtru Czebyszewa

$\mathbb{Z}$ - biliniowe przekształcenie Z

Ω - pulsacja analogowa

ω - pulsacja cyfrowa

ω_N - pulsacja Nyquista

$E(\omega)$ - funkcja błędu

ω_{gD} - pulsacja graniczna 3dB filtru cyfrowego

$q(k)$ - zmienna w przestrzeni stanu

Ξ - blokowa macierz opisu struktury filtru cyfrowego

T_F - czas wykonania obliczeń pojedynczego filtru cyfrowego

δ - błąd względny

D - dynamika sygnału lub zakres dynamiczny filtru

$h(n)$ - charakterystyka impulsowa

Wykaz stosowanych skrótów

CPS - cyfrowe przetwarzanie sygnałów

PAC - przetwornik analogowo-cyfrowy

PCA - przetwornik cyfrowo-analogowy

CPS-CR - cyfrowe przetwarzanie sygnałów w czasie rzeczywistym

ASIC - ang. Application Specific Integrated Circuit

ZW - zjawiska wibroakustyczne

SW - sygnały wibroakustyczne

WAW - wibroakustyczny analizator widma

FPGA - ang. Field Programmable Gates Array

CPLD - ang. Complex Programmable Logic Devices

DSP - ang. Digital Signal Processor

WGM - widmowa gęstość mocy

FP - filtr pasmowy

CFP - cyfrowy filtr pasmowy

FDP - filtr dolnoprzepustowy

AFDP - analogowy filtr dolnoprzepustowy

CFDP - cyfrowy filr dolnoprzepustowy

MAC - ang. Multiply and Accumulate

MiD - Mnóż i Dodaj

LUT - Look Up Table

DA - Distributed Arithmetic

AR - Arytmetyka Rozproszona

DRAW - Dynamicznie Rekonfigurowalna Architektura Wewnętrzna

DRIA - ang. Dynamic Reconfigurable Internal Architecture

DRAW-WAW - Dynamicznie Rekonfigurowalna Architektura Wewnętrzna Wibroakustycznego Analizatora Widma

FFT - Fast Fourier Transformation

JO - jednostka operacyjna

HPF - układ historii pracy filtrów

HPO - układ historii pracy ogniw

EO - element operacyjny

FNRZ - filtr niskich rzędów

MOCBF - moduł operacyjny cyfrowego banku filtrów

MAR - moduł arytmetyki rozproszonej

1. Wstęp

1.1. Motywacja

Cechą charakterystyczną współczesnej techniki obliczeniowej jest szeroki rozwój problemowo zorientowanych struktur – specjalizowanych procesorów, modułów czy też całych maszyn, optymalizowanych do wykonania zadań w określonym obszarze zastosowań. W dobie znacznego postępu w dziedzinie budowy procesorów i uniwersalnych, logicznych układów programowalnych rozwija się różnorodność systemów obliczeniowych, przy czym zawęża się ich specjalizacja. Uzyskiwane są coraz większe wydajności obliczeniowe, prowadzące do poszerzenia obszaru zastosowań a specjalizowane struktury stają się jednocześnie uniwersalnymi dla pewnych dziedzin zastosowań.

Jednym ze specyficznych obszarów zastosowań jest monitoring i diagnostyka maszyn obrotowych. Ma ona kluczowe znaczenie w wielu gałęziach przemysłu o pracy ciągłej. Najlepszym przykładem będą tu turbiny w elektrowniach czy też silniki lotnicze. Ocena stanu pracy takich maszyn odbywa się poprzez analizę sygnałów generowanych przez te urządzenia. Sygnałami niosącymi najistotniejsze informacje są sygnały wibroakustyczne. Ich natura, sposób powstawania i rozchodzenia się oraz zasady interpretacji to znacząca dziedzina wiedzy – wibroakustyka. Z punktu widzenia jej bezpośrednich zastosowań ważną gałąź stanowi diagnostyka wibroakustyczna. Ta dziedzina ma długie tradycje w polskiej nauce, a prace i osiągnięcia polskich naukowców takich jak prof. Zbigniew Engel [37], [39], [98], [38] czy prof. Czesław Cempel [30], [29], [28] są znane na całym świecie. Jest ona ciągle rozwijana a zakres jej wykorzystania stale powiększa się.

Istotnym elementem w praktycznych zastosowaniach są badania wykonane podczas normalnej pracy badanych obiektów. W skład analizy wchodzi pomiar sygnałów (rozumiany jako przetworzenie sygnałów akustycznych na elektryczne) a następnie obróbka matematyczna, czyli wyliczenie wielkości charakteryzujących poszczególne sygnały oraz ostatecznie, wnioski i decyzje eksploatacyjne podjęte na podstawie wyznaczonych parametrów. Szereg prac [30], [39], [98], [29], [28], [21] poświęcono metodom diagnostyki opartych o analizę cech mierzonych sygnałów. Zwykle jednak do wyznaczenia ich niezbędne są skomplikowane obliczenia, gdyż sygnały generowane przez obserwowane obiekty mają charakter wielowymiarowych procesów losowych. Kluczową rolę pełni tu technika obliczeniowa pozwalająca na wykonanie obliczeń w czasie rzeczywistym i tylko dzięki niej możliwa jest ocena i wykorzystanie opracowanych metod diagnostycznych. Jednocześnie doskonalenie technik obliczeniowych pozwala na zastosowanie coraz to nowych metod analitycznych. Występuje, więc swoiste sprzężenie zwrotne, gdzie dokonania w dziedzinie diagnostyki stymulują prace i rozwój specjalizowanych struktur obliczeniowych, zaś doskonalenie tychże struktur pozwala na postęp w zakresie diagnostyki.

Zadania związane z projektowaniem i praktyczną realizacją specjalistycznych struktur obliczeniowych dla celów diagnostyki wibroakustycznej prowadzonej w czasie rzeczywistym, to zadania kompleksowe i złożone. Wymagają one skoordynowanego rozwiązania powiązań architektura-algorytmy obróbki wielowymiarowych procesów losowych. Zbalansowane połączenie użytych algorytmów z możliwościami architektury sprzętowej prowadzi do opracowania efektywnych ekonomicznie i wysokowydajnych procesorów obliczeniowych oraz urządzeń pomiarowych. Takie urządzenia należą od najbardziej zaawansowanych technologicznie produktów. Wiodącymi firmami w dziedzinie konstrukcji przyrządów do monitoringu i diagnostyki urządzeń przemysłowych są Bruel & Kjaer (Dania) [4], Oros (Francja) [8], DLI (USA) [5], Ono Sokki (Japonia) [7], a szczegóły konstrukcji objęte są ścisłą tajemnicą. W Polsce produkcję tego typu przyrządów podjęła firma

Svantek [9], przy czym na obecną chwilę, w dość wąskim zakresie. Zagadnienia projektowania i praktycznej realizacji specjalizowanych struktur obliczeniowych stanowią stale trudne wyzwanie. W przedstawionej pracy doktorskiej opracowano ogólne zasady organizacji systemu obliczeniowego oraz szereg szczegółowych rozwiązań pozwalających na stworzenie specjalistycznego, acz uniwersalnego, w zakresie wibroakustyki zestawu cyfrowego przetwarzania sygnałów.

1.2. Specyfika systemów cyfrowego przetwarzania sygnałów w czasie rzeczywistym

Przetwarzaniem sygnałów [105], [107], [82] nazywamy proces przekształcania sygnału pochodzącego ze źródła informacji w celu usunięcia różnego typu zakłóceń i sygnałów skorelowanych, wynikających z charakteru procesu pomiarowego (bardzo często jest to pomiar pośredni) i nieliniowości czytników oraz przedstawienia istotnej informacji w najbardziej czytelnej formie.

Dowolne zadanie systemu cyfrowego przekształcania sygnału (CPS) [94] sprowadza się do przekształcenia zbioru X^0 cyfrowych sygnałów wejściowych $x^0(n,a)$ na zbiór Y^0 żądanych cyfrowych sygnałów wyjściowych $y^0(n,a)$ (rys.1.1). Regułę $\mathbb{R}$, według której każdy ciąg liczbowy $x^0(n,a)$ przechodzi w odpowiedni ciąg wyjściowy $y^0(n,a)$, nazwano operatorem cyfrowej obróbki sygnału.

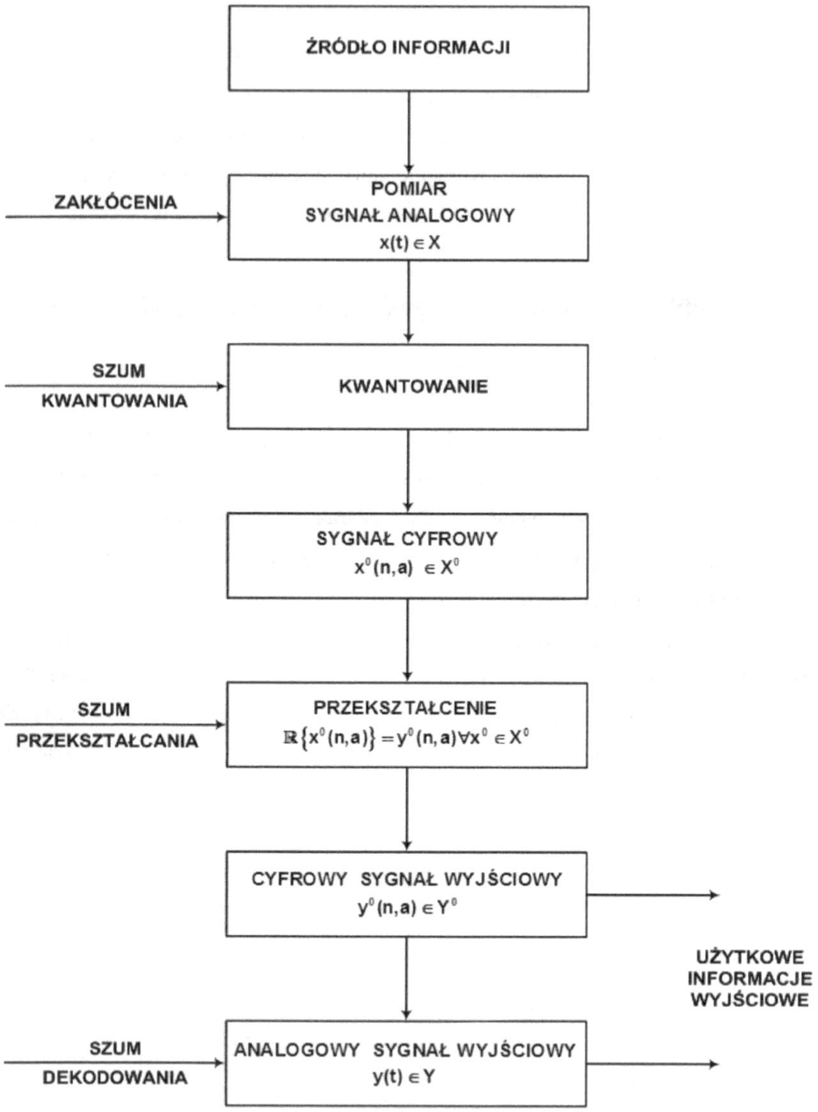

Rys. 1.1 Schemat cyfrowego przekształcania sygnałów

Zatem projekt systemu możemy traktować jako realizację następującej formuły: $\mathbb{R}\{x^0(n,a)\}=y^0(n,a)\forall x^0\in X^0$, gdzie n - czas dyskretny. Sygnały wejściowe x^0 i wyjściowe y^0 są parametryzowane przy pomocy wektora a. Obiekt fizyczny, realizujący operator $\mathbb{R}$, nazwiemy urządzeniem (systemem) przetwarzania. Wyboru operatora przekształcenia (struktury algorytmu) dokonuje się zgodnie z przyjętym modelem matematycznym CPS. Modele matematyczne CPS [49], [104] można klasyfikować wg. typu rozwiązywanych zadań, rodzaju aparatu matematycznego zastosowanego do opisu sygnału, itd. Klasy modeli wg. typu rozwiązywanych zadań zwykle istotnie różnią się i zależą od konkretnego problemu i specyfiki fizycznego sygnału. Jako przykład dla dużej klasy zadań można podać modele filtracji liniowej, niektóre typy filtracji nieliniowej, analizy widmowej, charakterystyk statycznych i szereg innych. Jak pokazano na rys. 1.1. CPS związane jest z przekształcaniem wejściowych sygnałów analogowych na sygnały dyskretne w czasie i wartości, a na zakończenie na analogowe sygnały na wyjściu. Formowanie sygnałów wejściowych odbywa się przy pomocy przetworników analogowych i analogowo-cyfrowych (PAC). W tym procesie, praktycznie zawsze występuje niepełna adekwatność otrzymanego sygnału w stosunku do źródłowego [107], [23], [106] co jest interpretowane jako wniesienie dodatkowego szumu i musi być uwzględnione w trakcie przekształceń. Cyfrowo przetworzone sygnały powracają ostatecznie do postaci analogowej przy użyciu przetworników cyfrowo-analogowych (PCA).

Pierwotnym środkiem, który umożliwił i stymulował rozwój technik CPS były elektroniczne maszyny obliczeniowe. Pozwalały one na wykonanie symulacji i weryfikacji teorii cyfrowego przekształcania sygnałów. Szybki postęp w dziedzinie techniki obliczeniowej umożliwił budowę wysoce specjalizowanych układów dokonujących przekształcania sygnałów w czasie rzeczywistym (CPS-CR), tzn. operator $\mathbb{R}$ musi być wykonany w ściśle określonym czasie, ustalonym rytmem napływania kolejnych wartości przetwarzanego sygnału. W chwili obecnej CPS zajmuje dominującą pozycję w technikach przetwarzania sygnałów ze względu na swoje bezsporne zalety: dokładność i elastyczność (łatwość przestawienia na inny model przekształcania). Oprócz tego, w związku z gwałtownym rozwojem technologii układów eletronicznych, będących bazą do fizycznej realizacji, urządzenia CPS stają się tańsze, wydajniejsze i zminiaturyzowane co znacznie poszerza zakres ich praktycznego zastosowania.

Wszystkie rodzaje złożonego CPS mogą być przedstawione jako kompozycja rekurencyjnego i szeregowego użycia [103] widmowych, nieliniowych i logicznych przekształceń. Wymienione typy przekształceń [138] związane są z realizacją operatorów [107]:

1) splotu

$$y(n)=\sum_{m=-\infty}^{\infty} x(n)h(n-m), \qquad \text{gdzie } h(n) \text{ funkcja wagowa filtru,} \qquad (1.1)$$

2) nieskończonej odpowiedzi

$$y(n)=\sum_{i=0}^{N} a_i x(n-i)-\sum_{j=1}^{N} b_j y(n-j), \qquad (1.2)$$

3) dyskretnego przekształcenia Fouriera (DFT)

$$X(k)=\sum_{n=0}^{N-1} x(n)W^{nk}, \quad \text{gdzie } k=\overline{0,N-1}, \quad W^{nk}=\mathrm{e}^{-j\frac{2\pi nk}{N}}, \qquad (1.3)$$

4) przekształcenia nieliniowego (np. wielomianowego)

$$y(n)=\sum_{i=0}^{N} A_i x^i(n), \qquad (1.4)$$

5) logicznego

$$y(n)=F_{\log}\{x(n), x(n-1), \dots, x(n-l)\}, \qquad \text{gdzie } F_{\log} \text{ operator logiczny.} \qquad (1.5)$$

Problematyka cyfrowego przetwarzania sygnałów w czasie rzeczywistym, podobnie jak wszystkie nauki zajmujące się ustalaniem praw i metod tworzenia algorytmów, konstruowaniem programów i technicznych środków ich realizacji, obejmuje poniższe zagadnienia.

1. Badanie i opracowywanie metod syntezy fizycznie realizowanych operatorów IR (np. przekształcania widma, funkcji przenoszenia cyfrowych filtrów, itp.).
2. Tworzenie i optymalizację efektywnych algorytmów realizacji funkcji obróbki sygnałów, syntezowanych zgodnie z pkt.1.
3. Ocena efektywności algorytmów za pomocą ustalenia całkowitej ilości obliczeń potrzebnych do ich wykonania za pomocą uniwersalnych komputerów lub za pomocą specjalizowanych urządzeń (obniżenie ilości obliczeń prowadzi do zmniejszenia nakładów sprzętowych czy też do zmniejszenia zużytego czasu maszynowego w komputerach).
4. Analiza jakości algorytmów: ocena osiągalnej dokładności, ocena wpływu długości słowa danych i współczynników na rezultaty, ocena stabilności, wystąpienia efektów nieliniowych, itd.
5. Analiza i ustalenie zasad sprzętowo-programowej realizacji algorytmów CPS (wybór typu architektury, wewnętrznej struktury układowej, bloków funkcjonalnych itd.).
6. Opracowywanie, projektowanie i realizacja systemów zautomatyzowanego tworzenia układów CPS-CR (należy zauważyć, że istotne znaczenie mają tutaj symulatory układów sprzętowych oraz ich dokładność odwzorowania zachowania rzeczywistego układu).

1.3. Realizacja algorytmów cyfrowego przetwarzania sygnałów w czasie rzeczywistym

1.3.1. Algorytmy cyfrowego przetwarzania sygnałów w czasie rzeczywistym

W ogólnym przypadku proces cyfrowej obróbki sygnału polega na szeregowym przekształcaniu cyfrowych postaci analogowego sygnału i praktycznie zawsze sprowadza się do sumowania wyników mnożenia [68]. Końcowy wynik obliczeń jest przekazywany do przetwornika PCA, w którym ostatecznie przyjmuje analogową postać. Cały proces ma pewne cechy szczególne, które mogą służyć ustaleniu rozwiązań alternatywnych [13], [47] zarówno sprzętowych jak i programowych:

- wysoki stopień regularności algorytmów CPS (pozwala na rozbicie na równoległe wykonywane operacje),
- wysoka szybkość napływania danych,
- stały okres dyskretyzacji (z góry znany czas na wykonanie),
- bardzo duża ilość operacji mnożenia i sumowania,
- praca ze stosunkowo niedużymi blokami danych.

Praca w czasie rzeczywistym [12] i szczególne wymagania obliczeniowe CPS [73] pociągają za sobą zapotrzebowanie na wysoką wydajność środków sprzętowych i narzucają konieczność ustalania architektury systemów obliczeniowych. I tak, np. zadania cyfrowego dynamicznego sterowania, gdzie zakres widma analizowanych i przetwarzanych sygnałów to od dużo poniżej 1Hz do 100Hz, potrzebują 5-50 operacji mnożenia na jeden okres dyskretyzacji i należą do klasy zadań o niskiej złożoności. Zadania takie realizowane są poprzez bezpośrednie zaprogramowanie odpowiednich algorytmów w 8-mio i 16-to bitowych uniwersalnych procesorach bez zastosowania jakichkolwiek specjalnych rozwiązań w zakresie architektury systemu. Dla porównania algorytmy cyfrowych filtrów potrzebują wykonania dziesiątek i setek operacji mnożenia, a ich szybkość pracy w czasie rzeczywistym sięga kilku MHz i należą do klasy zadań o średniej złożoności. W przypadku realizacji dyskretnego przekształcenia Fouriera ważny jest nie zakres częstotliwości ale fakt iż przetwarzana jest nie pojedyńcza wartość sygnału lecz cały ich zbiór. W tej sytuacji określenie praca w czasie rzeczywistym oznacza, że przez czas jednego okresu dyskretyzacji należy wykonać obliczenia na całym zbiorze danych, zebranych wcześniej. Tej klasy zadanie jest już bardzo złożone.

W ogólnym przypadku można określić pięć podstawowych czynników wpływających na strukturę systemu realizującego CPS:

- algorytmy,
- dane,
- składniki sprzętowe (przede wszystkim układy scalone),
- języki programowania,
- architektura wewnętrzna układów obliczeniowych.

Czynniki związane z elementami sprzętowymi (układy scalone, architektura wewnętrzna układów) to w chwili obecnej nie tylko układy typu ASIC (Application Specific Integrated Circuit), scalone specjalizowane mikroprocesory DSP (Digital Signal Processor) ale także rozbudowane, programowalne układy logiczne FPGA (Field Programmable Gate Array) i CPLD (Complex Programmable Logic Device), pozwalające na tworzenie indywidualnie dopasowanych, rozproszonych struktur obliczeniowych. O ile kilka lat temu podstawowe myślenie o głównym elemencie wykonawczym urządzenia CPS-CR było skierowane na użycie specjalizowanego mikroprocesora [33] (i słowo procesor było równoznaczne słowu mikroprocesor), to obecnie podstawowy element obliczeniowy określany mianem procesora nie oznacza już pojedyńczego mikroprocesora lecz cały moduł obliczeniowy wykonany w technologii monolitycznej lub rozproszonej. Szybkie i efektywne przygotowanie struktur liczących z zakresu CPS staje się zasadniczym wyzwaniem [110], [18], [54] przy obecnym tempie rozwoju technologii półprzewodnikowej i potrzeb społeczeństwa epoki informacji.

1.3.2. Sygnały wibroakustyczne i ich analiza w czasie rzeczywistym

Zjawiska wibroakustyczne (ZW) to ogół zjawisk dynamicznych mechanoakustycznych [30], [39] jakie mają miejsce w maszynach i urządzeniach poruszających się lub mających ruchome podzespoły. Zjawiska te to drgania, dźwięk powietrzny i materiałowy oraz pulsacje w przestrzeni roboczej wokół maszyn. Mówiąc o ich znaczeniu należy w pierwszym rzędzie uwzględnić aspekt szkodliwości dla ludzi, otoczenia naturalnego i technicznego (maszyny) [37] oraz możliwość szerokiego wykorzystania w diagnostyce maszyn, gdzie dzięki ekstrakcji informacji zawartej w ZW możemy orzekać o stanie dynamicznym i jakości maszyny, o jej stanie technicznym w czasie eksploatacji, a nawet o zaawansowaniu realizowanego przez nią procesu technologicznego [39], [29]. Odwzorowaniem zjawisk wibroakustycznych są sygnały wibroakustyczne (SW) wytworzone przez różnego rodzaju czujniki elektroniczne. Sygnały wibroakustyczne pozwalają nam na analizowanie jakościowe i ilościowe samych zjawisk wibroakustycznych jak i urządzeń będących ich źródłem. SW obejmują szeroki zakres częstotliwości, od bardzo niskich, prawie zerowych, do wysokich, rzędu kilkuset kiloherców.

W zagadnieniach hałasu i drgań SW mają charakter sygnałów losowych stacjonarnych i ergodycznych zawierających często składowe deterministyczne wynikające z okresowości zjawisk. Generalnie mogą być opisywane w trzech [30] dziedzinach: czasu, amplitudy i częstotliwości. W dziedzinie czasu pierwszą charakterystyką jest przebieg sygnału obserwowany na ekranie oscyloskopu pozwalający ocenić ogólny charakter sygnału (ocena jakościowa). Oceny ilościowej możemy dokonać za pomocą funkcji korelacji własnej i wzajemnej. W wielu przypadkach równie ważny jak kształt i następstwo czasowe procesu, jest jego skład widmowy (częstotliwościowy), czyli jego dekompozycja na dźwięki (tony) proste. W zależności od czasu trwania sygnału zasadnicze znaczenie dla jego oceny mają: dla sygnałów krótkotrwałych (impulsowych) jego widmo energii, dla sygnałów długotrwałych widmo mocy. W sytuacji sygnałów niedeterministycznych zasadniczą informację niesie widmowa gęstość mocy. Dla procesów losowych, szczególnie hałasu i drgań, ważnym problemem jest częstość występowania zdarzeń o określonych amplitudach, ich przewyższenie w określonym okresie itd. Odpowiedzi na to pytanie dają charakterystyki amplitudowe takie jak prawdopodobieństwo rozkładu amplitud oraz gęstość rozkładu amplitud.

Wśród praktycznych aspektów sygnałów wibroakustycznych [40] najszerszą dziedziną zastosowań wydaje się być diagnostyka a szczególnie prowadzona "na bieżąco" w czasie rzeczywistej pracy. W tym obszarze zastosowań dość często nie znane jest następstwo czasowe zdarzeń, co uniemożliwia analizę czasową i amplitudową. Większość maszyn i urządzeń pracuje stabilnie wykonując okresowy ruch roboczy. Wobec tego każde naruszenie tej okresowości może świadczyć o stanie technicznym obiektu. Wyłania się więc potrzeba selekcji okresowości sygnału. Analitycznie można to łatwo wykonać dokonując amplitudowej analizy widmowej lub filtracji częstotliwościowej grzebieniowej. W poszukiwaniu symptomów diagnostycznych pomocna jest dekompozycja sygnału przy pomocy filtracji pasmowej, przy czym przydatne są wszelkie jej rodzaje np., wąskopasmowa, oktawowa tercjowa, grzebieniowa, itp. [30]. Jednak czasami jest ona niewystarczająca i pociąga konieczność dokonania oceny widmowej gęstości mocy. Ze względu na złożoność zjawisk wibroakustycznych a zatem i sygnałów wibroakustycznych również widmowa gęstość mocy w swej "czystej" postaci może być zbyt mało informacyjna. Stosuje się wówczas widma iloczynowe (tworzy się tu iloczyny widm dla kolejnych harmonicznych, wybranej częstotliwości lub poliharmoniczne).

Dotychczasowe rozważania dotyczyły sygnałów stacjonarnych i ergodycznych. Jest jednak wiele sytuacji, gdy stosowane klasyczne metody nie dają zadowalającego rezultatu diagnostycznego. Dotyczy to sytuacji, gdy ZW a zatem i sygnały wibroakustyczne przejściowo tracą swój stacjonarny charakter. Dzieje się to, gdy następuje rozruch lub hamowanie maszyn, np. wirnikowych maszyn przepływowych (turbiny), silników elektrycznych. W większości przypadków ten etap pracy nie jest analizowany, gdyż jest stanem przejściowym, niestabilnym. Jednak w sytuacjach, gdy mamy doczynienia z dużymi obiektami, w których procedura rozruchu i hamowania jest skomplikowana, informacje płynące z tego okresu pracy [4] mają bardzo duże znaczenie praktyczne. Chodzi o możliwość wczesnego wykrycia usterki, co pozwala na zapobiegnięcie poważnej awarii. Niestabilność sygnałów stanowi bardzo duże utrudnienie pomiarów i analizy tak, że żadne z klasycznych charakterystyk czasowych, amplitudowych czy częstotliwościowych nie gwarantują pożądanego rezultatu. Wyraźnie widać to na rys. 1.2, gdzie położenie prążków widmowych zmienia się z każdym kolejnym pomiarem i nie pozwala na wykonanie miarodajnej oceny. Konieczna jest wówczas zmiana dziedziny analizy [102], [101], tak aby uzyskane wyniki miały stabilny charakter i umożliwiały zrobienie analizy. Taką możliwość daje przejście w dziedzinę rzędów. Wówczas obserwowany sygnał może być analizowany analogicznie jak klasyczny obraz widma.

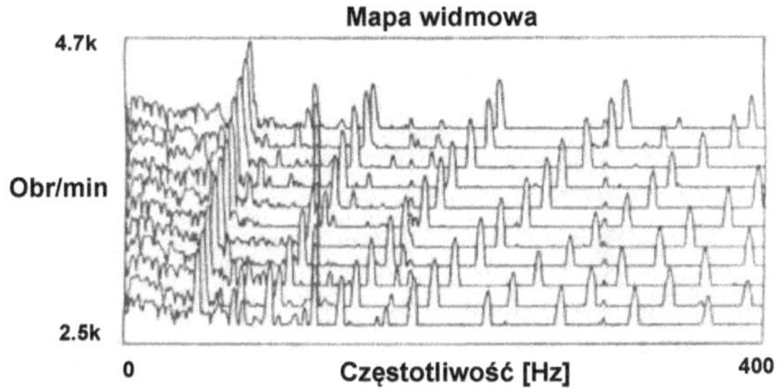

Rys. 1.2 Widmo sygnału WA przy rosnącej szybkości obrotowej

Jak wynika z przedstawionych rozważań zakres zagadnień związanych z sygnałami wibroakustycznymi nawet ograniczony do zastosowań diagnostycznych obejmuje szerokie spektrum narzędzi analitycznych i jest trudym wyzwaniem z dziedziny implementacji aparatu matematycznego w postaci algorytmów i struktur obliczeniowych oraz konstrukcji sprzętu pomiarowego.

1.4. Cel i teza pracy

W obliczu szybkiego rozwoju technologii układów scalonych wykonanie zadania CPS poczynając od analizy problemu a kończąc na pracującym fizycznym urządzeniu musi bezwzględnie uwzględniać wszystkie wymienione w podrozdziałach 1.2, 1.3 czynniki. Skoncentrowanie się tylko na algorytmach czy też tylko na elementach sprzętowych na pewno nie doprowadzi do uzyskania optymalnego rozwiązania. Bardzo często dobranie odpowiedniego modelu matematycznego, a także algorytmu projektowanego z uwzględnieniem cech charakterystycznych sprzętu pozwala na zrealizowanie celu w możliwie krótkim czasie, z zadowalającymi wskaźnikami techniczno-ekonomicznymi, za pomocą mniej wydajnej i wolniej pracującej bazy elementowej.

Celem pracy jest: opracowanie nowych i zmodyfikowanych algorytmów, struktur obliczeniowych i zasad projektowania pozwalających na szybkie opracowanie na bazie układów typu FPGA oraz mikroprocesorów DSP, wielozadaniowego, reprogramowalnego na poziomie sprzętowym analizatora sygnałów wirboakustycznych pracującego w czasie rzeczywistym, a w szczególności:

- architektury systemu obliczeniowego reprogramowalnego na poziomie sprzętowym do implementacji algorytmów z zakresu analizy sygnałów wibroakustycznych,
- struktury obliczeniowej do analizy metodą filtracji pasmowej,
- algorytmu(ów) projektowania filtrów dolnoprzepustowych dopasowanych do efektywnej realizacji w strukturach układów logicznych typu FPGA lub CPLD,
- algorytmu generowania ekwiwalentnych struktur ogniw cyfrowych filtrów drugiego rzędu,
- struktury przetwarzania współbieżnego do analizy w dziedzinie rzędów,
- algorytmu okienkowania sygnału dopasowanego strukturalnie do implementacji w układach typu FPGA lub CPLD lub procesorów DSP,
- metody generowania sygnału sinusoidalnego i poliharmonicznego o programowalnym składzie harmonicznych.

Ze względu, iż zagadnienia teoretyczne są od dawna dostatecznie dobrze opracowane skupiono się na aspektach powiązania algorytmów z ich fizyczną realizacją. Rozważania pracy doktorskiej służą wykazaniu poprawności następującej ***tezy***:

Wykorzystując znane metody przetwarzania sygnałów i bazując na powszechnie dostępnych środkach sprzętowych możliwe jest opracowanie nowych i zmodyfikowanych algorytmów, struktur obliczeniowych i zasad projektowania pozwalających na szybkie opracowanie wielozadaniowego, reprogramowalnego na poziomie sprzętowym analizatora sygnałów wirboakustycznych pracującego w czasie rzeczywistym.

Praca ma charakter teoretyczno-eksperymentalny.

2. Wibroakustyczne analizatory widma, podstawy matematyczne, metody i środki sprzętowej realizacji

2.1. Matematyczne podstawy algorytmów i funkcjonalne schematy struktur obliczeniowych

Biorąc pod uwagę potrzeby diagnostyki wibroakustycznej można sformułować podstawowe wymagania dotyczące analizatora sygnałów wibroakustycznych. Zakres zadań obliczeniowych wynika z modelu matematycznego procesów wibroakustycznych [30], [37]. Należy podkreślić dużą różnorodność funkcji używanych do opisu zjawisk zachodzących w trakcie pracy maszyn wirujących. Przykładowy proces przekształcania sygnałów został pokazany na rys. 2.1.

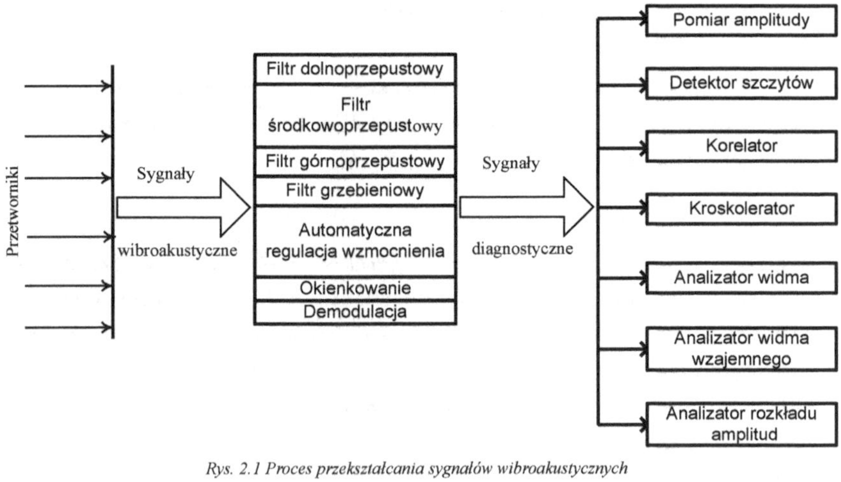

Rys. 2.1 Proces przekształcania sygnałów wibroakustycznych

Najważniejszą analitycznie i diagnostycznie część stanowi analiza widmowa [52]. U podstaw zasady pracy analizatorów widma leży określenie widmowej gęstości mocy

(WGM) [91], [138] stacjonarnego ergodycznego procesu losowego *x(t)*:

$$G_x(t)=\lim_{\Delta f\to 0}\frac{1}{\Delta f}\lim_{T\to\infty}\frac{1}{T}\int_0^T x^2(t,f,\Delta f)dt. \tag{2.1}$$

W praktyce wyliczana jest jej estymata w postaci:

$$\hat{G}_x(t)=\frac{1}{\Delta fT}\int_0^T x^2(t,f_0,\Delta f)dt. \tag{2.2}$$

Przyjęte oznaczenia Δf - pasmo przepustowe filtru pasmowego (FP), T – czas analizy realizacji badanego procesu, $x(t,f_0,\Delta f)$- część sygnału *x(t)*, wydzielona filtrem z częstotliwością środkową f_0 i pasmem Δf [42], [103].

Moc procesu losowego *x(t)* wyraża się w postaci WGM dla wszystkich częstotliwości:

$$S_x=\int_0^\infty G_x(f)df\approx\int_0^\infty \hat{G}_x(f)df. \tag{2.3}$$

Procedura sprzętowego określenia WGM stacjonarnego ergodycznego procesu losowego składa się z następujących operacji:

1) filtracja sygnału filtrem pasmowym, 2) podniesienie otrzymanej wartości do drugiej potęgi, 3) całkowanie za okres czasu T, 4) skalowanie wyniku przez wielkość $(\Delta f)T$, tj. uśrednienie w czasie i częstotliwości, 5) gdy zachodzi konieczność, przejście na jednostki logarytmiczne (dB) wyliczenie wartości $10\lg\hat{G}_x(f)$. Schematy blokowe analizy okresowych i losowych sygnałów wibracji zostały pokazane na rys. 2.2 i rys. 2.3

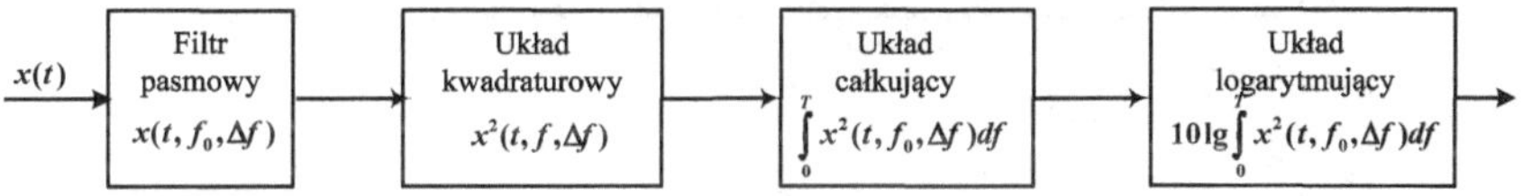

Rys. 2.2 Schemat strukturalny wyznaczania widmowej gęstości mocy dla sygnału losowego

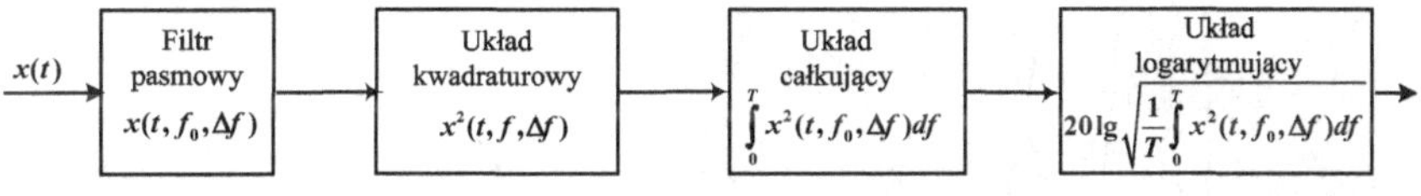

Rys. 2.3 Schemat strukturalny wyznaczania wartości skutecznej sygnału okresowego

Funkcją wyjściową A_x jest wartość średnia kwadratu wartości sygnału okresowego nieciągłego [42], [70] za okres czasu T:

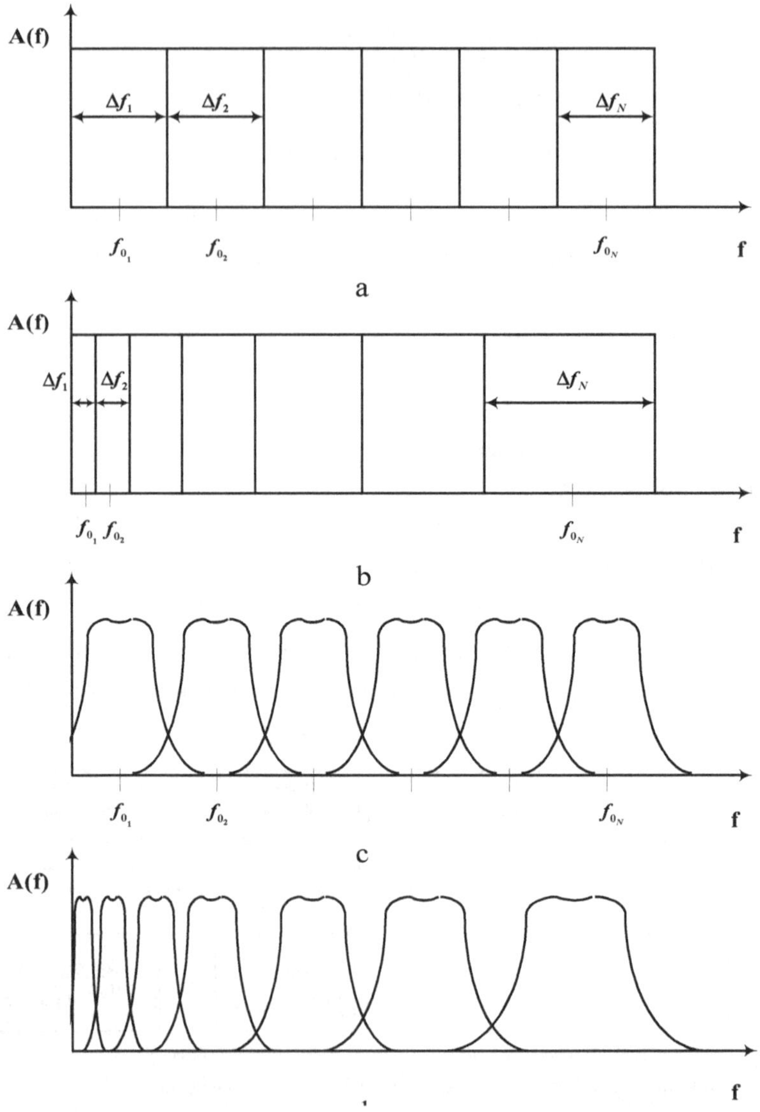

Rys. 2.4 Poglądowa charakterystyki amplitudowo-częstotliwościowe filtrów o różnym charakterze

Wartość A_x może być przedstawiona w decybelach (dB) jako

$$20\lg\sqrt{\frac{1}{T}\int_0^T x^2(t,f_0,\Delta f)dt}=10\lg[\frac{1}{T}\int_0^T x^2(t,f_0,\Delta f)dt].$$

Z porównania rys. 2.2 i 2.3 widać, że schematy blokowe układów różnią się tylko skalowaniem wyniku wyjściowego.

Rozpatrzone schematy blokowe mogą być również wykorzystane przy analizie niestacjonarnych losowych wibracji, np. zderzeń (uderzeń), jednak funkcje wyjściowe interpretowane są w zależności od charakteru i właściwości konkretnego procesu [52], [22], [131].

Przy analizie sygnałów wibroakustycznych ważną rolę odgrywa informacja o skorelowanych (wzajemnych) widmach, charakteryzująca przestrzenne rozchodzenie się energii w układzie fizycznym. Estymaty składowych synfazowej $\hat{S}_{xy}(f)$ i kwadraturowej $\hat{P}_{xy}(f)$, będących składowymi WGM $\hat{G}_{xy}(f)=\hat{S}_{xy}(f)+j\hat{P}_{xy}(f)$ stacjonarnych i ergodycznych w stosunku do funkcji korelacji wzajemnej procesów losowych *x(t)* i *y(t)* określamy zgodnie z [52], [42], [57] jako:

$$\hat{S}_{xy}(f)=\frac{1}{\Delta fT}\int_0^\infty x(t,f_0,\Delta f)y(t,f_0,\Delta f)dt, \qquad (2.5)$$

$$\hat{P}_{xy}(f)=\frac{1}{\Delta fT}\int_0^\infty x(t,f_0,\Delta f)\tilde{y}(t,f_0,\Delta f)dt, \qquad (2.6)$$

gdzie $x(t,f_0,\Delta f), y(t,f_0,\Delta f)$- części realizacji x*(t)* i *y(t)* wydzielone przez filtr pasmowy (FP) z częstotliwością środkową f_0 i pasmem Δf, $y_{90}(t,f_0,\Delta f)$- sygnał $y(t,f_0,\Delta f)$ przesunięty o $\pi/2$.

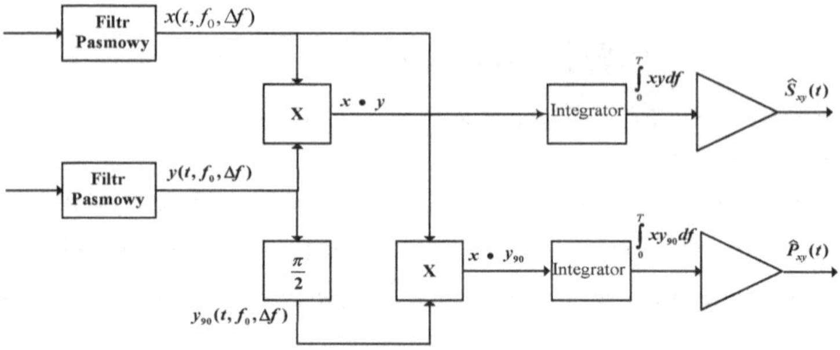

Rys. 2.5 Schemat blokowy układu wyznaczania WGM dla sygnałów losowych

Blokowy schemat funkcjonalny obliczania $\hat{S}_{xy}(f)$ i $\hat{P}_{xy}(f)$ został przedstawiony na rys.2.5. Jest on analogiczny do schematów z rys. 2.2, przy czym w miejsce potęgowania zastosowane zostały bloki mnożące. Uniwersalny układ do analizy własnych i skorelowanych widm został pokazany na rys. 2.6. Położenie kluczy K1 odpowiada układowi wyznaczania widm własnych. Z tym że, układ pracuje jako dwukanałowy analizator sygnałów *x(t)* i *y(t)*. Po przełączeniu kluczy w pozycję K2 w kanale X jest wykonywane obliczenie synfazowej składowej $\hat{S}_{xy}(f)$, a w kanale *Y*-kwadraturowej $\hat{P}_{xy}(f)$.

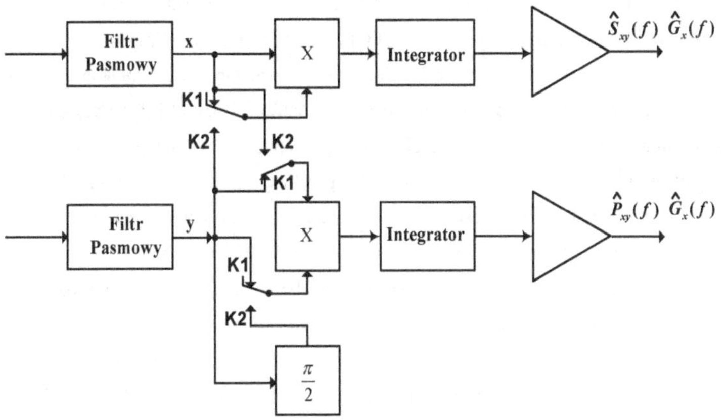

Rys. 2.6 Schemat blokowy uniwersalnego układu wyznaczania WGM

Sprzętowe szacowanie WGM procesów losowych wg wzorów (2.2), (2.5), (2.6) jest obarczone stałym błędem statystycznym wynikającym ze skończonego czasu analizy *T*. Wielkość normatywnego średniokwadratowego błędu ε_1 przy pomiarze WGM jest równa:

$$\varepsilon_1 = 1/\sqrt{\Delta f T}. \qquad (2.7)$$

Przy pomiarze widma amplitudowego wg wzoru (2.4) średni kwadratowy błąd ε_2 wynosi:

$$\varepsilon_2 = 1/2\sqrt{\Delta f T}. \qquad (2.8)$$

Stałą częścią wszystkich przedstawionych na rysunkach. (2.2-2.6) schematów blokowych jest filtr pasmowy. W rzeczywistych urządzeniach pomiarowych niezbędny jest cały zestaw – bank takich filtrów. Jego charakterystyki, sposoby realizacji i baza sprzętowa określają typ i parametry analizatora widma. W idealnym przypadku charakterystyki amplitudowo-częstotliwościowe FP są prostokątne i przylegają do siebie w taki sposób, że pokrywają wymagany zakres częstotliwości. W zależności od zmian pasma przepustowego i-tego FP Δf_i realizowana jest analiza ze stałym pasmem przepustowym [48] $\Delta f_i = const$ (rys. 2.4a) lub stałą dobrocią $d = f_{oi}/\Delta f_i = const$ (rys. 2.4b). Częstym przypadkiem analizy równodobrociowej jest analiza oktawowa (d=2) i dzielona oktawowa-1/b, kiedy stosunek pasm przepustowych [48] sąsiednich FP jest równy $\Delta f_{i+1}/\Delta f_i = 2^{1/b}$. Taki sposób jest rozpowszechniony w wibrometrii i akustyce, ponieważ szerokość pasma sygnałów zwykle jest proporcjonalna do ich częstotliwości podstawowych.

Poglądowe charakterystyki amplitudowo-częstotliwościowe idealnych i rzeczywistych FP przy stałym pasmie przepustowym i stałej dobroci zostały pokazane na rys. 2.4. Zasady podziału pasm do celów elektorakustycznych (czyli w tym wibroakustycznych) zostały sprecyzowane i ustalone w postaci norm międzynarodowych. Jedną z zasadniczych jest norma CEI/IEC 1260. Określa ona, m.in. zasady wyznaczania częstotliwości środkowych i brzegowych poszczególnych pasm, wartości tłumienia, klasy filtrów (0,1,2) w zależności od tolerancji przebiegu charakterystyki amplitudowej dla filtrów oktawowych i dzielonych oktawowych 1/b. Większość dostępnych na rynku analizatorów ma możliwość analizy zgodnie z w/w standardem (oczywiście nie wszystkie możliwe wynikające z normy podziały) i klasą dokładności 1,2 (klasa 0 rzadko spotykana ze względu na trudną realizację – potrzeba stosowania filtrów wysokiego rzędu i wysokowydajnych układów obliczeniowych). Stosuje się również analizę widma ze skalami kombinowanymi: równopasmową na niskich częstotliwościach i równodobrociową na wysokich częstotliwościach, z różną ilością FP w oktawie [114].

Pokazane wyżej sposoby oceny sygnałów wibroakustycznych klasyfikowane są jako metody filtrowe (wydzielanie informacji za filtrów częstotliwościowych). Możliwość formowania skali podziału pozwala dostosować analizator do formy i właściwości widma badanego sygnału (co jest dużą zaletą metody filtrowej). Ilość wykorzystywanych w analizatorze filtrów, ich pasmo przepustowe i zakres dynamiki określa się szerokością założonego (wymaganego) zakresu częstotliwości, cechami analizowanych obiektów, dążeniem ku precyzyjności w odtworzeniu widma. W sytuacji, gdy główne informacje (rezonanse) badanych obiektów są rozmieszczone w obszarze niskoczęstotliwościowym, wykorzystuje się *1/b* – oktawowe analizatory z b = *1...12*. Gdy rezonanse o wysokiej dobroci są położone w obszarze wysokich i średnich częstotliwości stosuje się analizę równopasmową. Szerokość pasma przepustowego filtrów wybiera się na podstawie najmniejszej możliwej szerokości piku rezonansowego w widmie sygnału. Przyjmuje się, że szerokość pasma przepustowego FP powinna być 2-3 razy mniejsza niż szerokość piku rezonansowego [52]. Dokładna struktura widm może być badana przy podziale 1/9- oktawowym, 1/12- oktawowym i wąskopasmowym z równymi pasmami.

Pierwsze konstrukcje filtrowych analizatorów widma (jeszcze bez specjalizacji do rodzaju badanego sygnału) były wykonywane w technice analogowej. Ze względu na sposób działania analizatory filtrowe dzielą się na równoległe, szeregowe, heterodynowe. Przy obróbce w czasie rzeczywistym wykorzystywana jest wersja równoległa. Schemat blokowy równoległego analizatora analogowego jest pokazany na rys. 2.7. Analogowe analizatory filtrowe widm skorelowanych, ze względu na skomplikowaną równoległą realizację w zasadzie nie były opracowywane. Osiągnięcia w dziedzinie mikroelektroniki uwarunkowały możliwość cyfrowej realizacji analizy spektralnej.

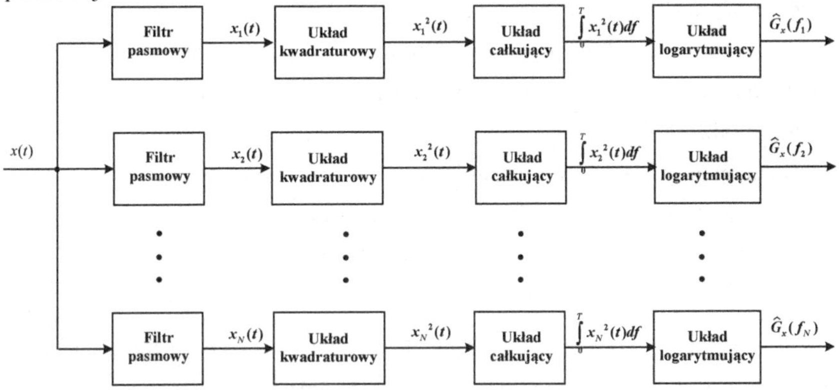

Rys. 2.7 Schemat blokowy analogowego analizatora równoległego

W chwili obecnej praktycznie produkowane są wyłącznie analizatory oparte na technice cyfrowej. Algorytmy cyfrowej filtracji są opisywane w formie liniowego równania różniczkowego N-tego rzędu [107],[17],[104],[80],[73] z inwariantnymi w czasie parametrami :

$$y(n)=\sum_{i=0}^{N} a_i x(n-i)-\sum_{j=0}^{N} b_j y(n-j), \qquad (2.9)$$

gdzie *x(n-i)* to wartości wejściowego sygnału momencie czasu $t=(n-i)\Delta t$, a Δt okres dyskretyzacji, *y(n-j)*-wartości wyjściowego sygnału momencie czasu $t=(n-j)\Delta t$, a_i i b_j – współczynniki stałe. Realizacja wzoru (2.9) jest możliwa zarówno w formie programowej jak i sprzętowej w postaci urządzenia zawierającego bloki mnożenia, dodawania, opóźnień o okres dyskretyzacji Δt.

Do głównych zalet cyfrowych analizatorów widma należy zaliczyć wysoką trwałość i powtarzalność charakterystyk, możliwość zastosowania filtrów o precyzyjnie ustalonej charakterystyce amplitudowo-częstotliwościowej i fazowej [107], małe gabaryty, małą wagę i zapotrzebowanie energetyczne. Algorytmy widmowej analizy na bazie cyfrowych filtrów charakteryzują się dużą dokładnością, powtarzalnością i regularnością operacji, co pozwala na tworzenie równolegle pracujących struktur obliczeniowych znacząco przyśpieszając obliczenia.

Cyfrowa obróbka ma też kilka negatywnych właściwości: znaczną złożoność obliczeniową algorytmów banku FP, gdy konieczna jest praca w czasie rzeczywistym, wnosi szumy kwantyzacji danych i nieliniowe efekty związane z nadmiarem, zależność dokładności obróbki od ilości pozycji w słowie danych. Uogólniony strukturalny schemat równoległego filtrowego [73] cyfrowego analizatora widma pokazany na rys.2.8, zawiera wejściowy analogowy filtr dolnoprzepustowy -AFDP, przetwornik A/C, bank z N równolegle włączonymi filtrami pasmowymi i kwadratorami, wyjścia których połączone są z blokami uśredniania ($\sum$ - operator uśredniania). Wstępna filtracja za pomocą antyaliasingowego, dolnoprzepustowego filtru służy do usunięcia wysoko-częstotliwościowych składowych sygnału, leżących poza częstotliwością Nyquista $f_N = f_s/2$, f_s- częstotliwość dyskretyzacji [107], [80], [138]. Przy tym częstotliwość graniczna antyaliasingowego filtru analogowego f_{ga} jest wybierana z warunku $f_p < f_{ga} < f_N$, gdzie f_p to maksymalna robocza częstotliwość analizatora. Cyfrowe bloki uśredniania wykonują funkcje, analogiczne do integratorów i skalujących modułów analogowych. Zwykle w filtrowych cyfrowych analizatorach widma wykorzystywane są algorytmy liniowego i wykładniczego uśrednienia [73].

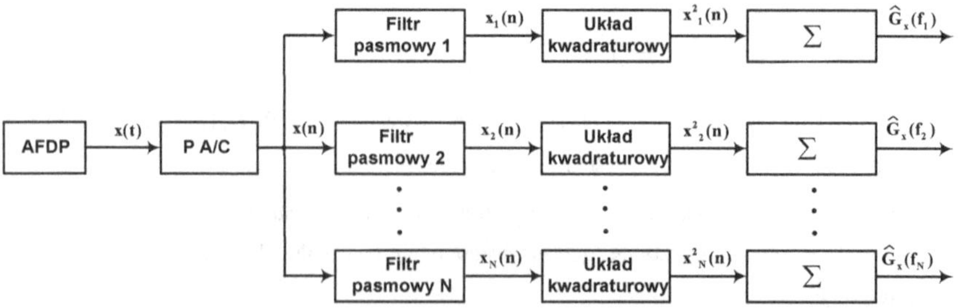

Rys. 2.8 Schemat strukturalny równoległego cyfrowego analizatora widma

Ważną właściwością cyfrowych filtrów jest zależność ich charakterystyk

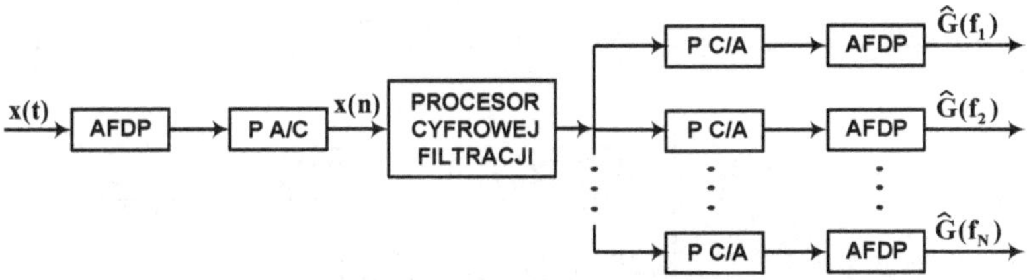

Rys. 2.9 Schemat blokowy analizatora widma z wyjściem analogowym

amplitudowo-częstotliwościowych i charakterystyk fazowych nie od bezwzględnej częstotliwości *f*, lecz od wartości normalizowanej względem częstotliwości f_S. Obniżając częstotliwość dyskretyzacji dwa razy drogą przerzedzania (decymacji) sygnału *x(n)*, otrzymamy filtr pasmowy z tymi samymi współczynnikami i centralną częstotliwością $f_{i+1}=f_i/2$, ponieważ $2\pi f_i \Delta t = const$. Taki efekt zwężenia częstotliwościowych charakterystyk cyfrowego filtru przy zmianach f_s wykorzystuje się dla budowania analizatorów z *1/b* -oktawową skalą i pozwala znacznie zmniejszyć ilość niezbędnych operacji arytmetycznych do zrealizowania banku filtrów [4],[27], [131].

Schemat blokowy 1/b- oktawowego analizatora pokazano na rys. 2.10. We wszystkich *N* oktawach występuje *b* cyfrowych filtrów pasmowych, których współczynniki dla każdej oktawy są identyczne. Przed przerzedzaniem sygnału, aby wyeliminować efekt nakładania się pasm, jest włączonych *(N-1)* cyfrowych filtrów dolnoprzepustowych z jednakowymi współczynnikami i częstotliwościami granicznymi $f_{gi}=f_{ga}2^{-i}$, $i=\overline{N-1}$.

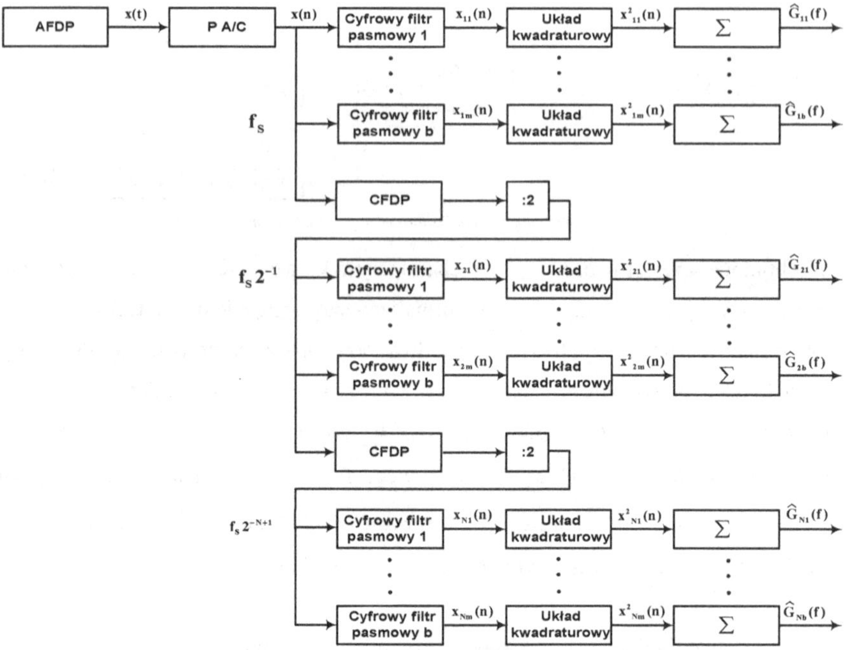

Rys. 2.10 Schemat blokowy 1/b oktawowego cyfrowego analizatora widma

Decydujące znaczenie dla oceny złożoności cyfrowych analizatorów widma ma ilość operacji arytmetycznych potrzebnych do wykonania analizy. Niech C_1 -ilość operacji, niezbędnych dla realizacji cyfrowego filtru pasmowego (CFP), C_2 - ilość operacji dla cyfrowego filtru dolnoprzepustowego (CFDP). W *i*-tej oktawie sygnał jest opracowywany jeden raz w ciągu czasu $2^{i-1}\Delta t$ a w ostatniej oktawie nie ma CFDP, otrzymamy więc średnią ilość operacji w czasie Δt:

$$\begin{aligned}\bar{c}&=(c_1 b+c_2)+(c_1 b+c_2)2^{-1}+\ldots+(c_1 b+c_2)2^{-N+2}+c_1 b2^{-N+1}=\\&=bc_1(2-2^{-N+1})+c_2(2-2^{-N}).\end{aligned} \qquad (2.10)$$

Stąd wynika, że przy $N\rightarrow\infty$ średnia ilość operacji nie przekroczy maksymalnej wartości

$$\bar{c}_b=2(bc_1+c_2). \qquad (2.11)$$

W przypadku analizatora równoległego bez mechanizmu przerzedzania (schemat blokowy na rys 2.8) przy zastosowaniu skali 1/b oktawowej wszystkie filtry pracują jednocześnie i średnia ilość operacji za czas Δt: $c_b = bNc_1$. Aby porównać średnie ilości operacji założono, że $c_1 = c_2$. Otrzymano:

$$bNc_1 / 2(bc_1 + c_2) = bN / 2(b+1). \tag{2.12}$$

Z równania (2.12) wynika iż zastosowanie układów decymacji zmniejsza średnią ilość operacji przypadających na okres czasu Δt.

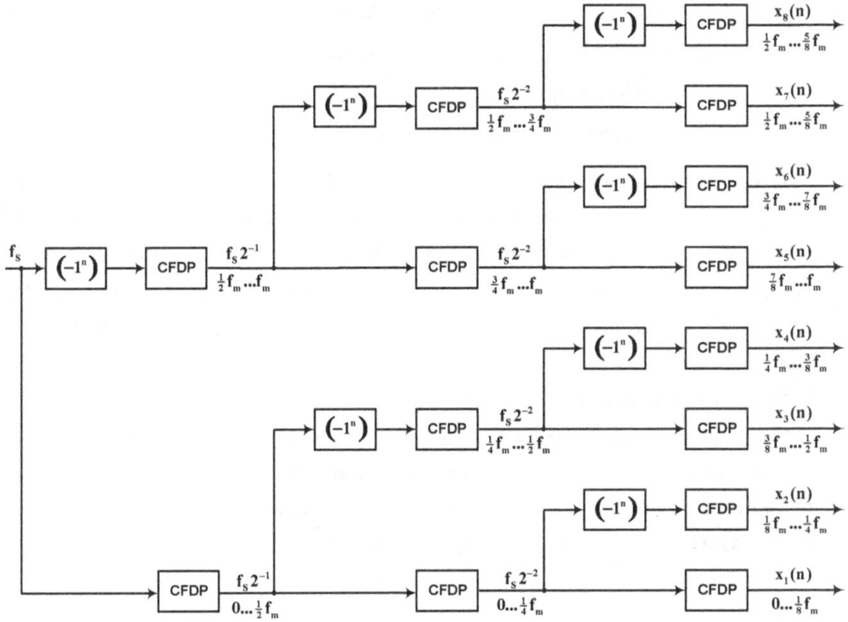

Rys. 2.11 Schemat blokowy banku cyfrowych filtrów do analizy metodą Cappeliniego

Inna metoda budowy równoległego filtrowego cyfrowego analizatora widma ze zmniejszoną ilością operacji przedstawiona została przez V. Cappeliniego [26]. U jego podstaw leży wykorzystanie jednego cyfrowego filtru dolnoprzepustowego i przesunięcie widma dyskretnego sygnału $X(j\omega)$ drogą mnożenia danych wejściowych *x(n)* przez wykładniczy mnożnik $e^{-jn\omega\Delta t}$. Wówczas dyskretny sygnał typu $x_i(n)e^{-jn\omega_i\Delta t}$ będzie miał widmo $X(j\omega - j\omega_i)$, $\omega = 2\pi f$. Wybierając wartość $\omega_i = \omega_S/2 = \pi f_S$ otrzymamy, iż $x_i(n) = x(n)(-1)^n$, tj. wykorzystuje się kolejno następujące zmiany znaku [27].

Schemat blokowy równoległego cyfrowego analizatora widma opartego na idei Cappeliniego pokazano na rys. 2.11. W tym układzie maksymalna częstotliwość analizowanego sygnału $f_m = f_s/2$, a częstotliwość graniczna każdego z cyfrowych filtrów niskich częstotliwości $f_g = f_{we}/2$, gdzie f_{we} maksymalna częstotliwość na wejściu danego stopnia. Każdy stopień poprzedzony jest układem przerzedzania sygnału razy dwa. Za pomocą takiego schematu można realizować równomierny podział skali częstotliwości lub podział oktawowy z równomiernym podziałem wewnątrz oktawy. Średnia ilość operacji mnożenia w ciągu okresu Δt podczas analizy w N pasmach równa się

$$\bar{c} = 2c_1 + 2^2 c_2 2^{-1} + \dots + 2^{\log_2 N} c_2 2^{-\log_2 N + 1} = 2c_2 \log_2 N . \qquad (2.13)$$

Przy takim schemacie postępowania zwiększenie dwukrotne ilości analizowanych podzakresów wymaga zrealizowania dwóch dodatkowych algorytmów filtracji. Schemat blokowy równoległego oktawowego cyfrowego analizatora widma z układem Capelliniego wewnątrz oktawy przedstawiony jest na rys. 2.12. W tym przykładzie maksymalna średnia ilość operacji przy $N \to \infty$, $\bar{c}_m = 4c_2$. Analogiczny wynik otrzymujemy również dla schematu na rys. 2.10, wykorzystującego FP, przy $b=1$ $\bar{c}_b = 2(c_1 + c_2) \approx 4c_2$.

Dotychczas przedstawione układy analizatorów widma miały wynik końcowy w postaci widma amplitudowego lub energetycznego badanego sygnału. Czasami w aktywnych systemach sterowania wartości wynikowe muszą mieć postać sygnałów analogowych. W procesorze cyfrowej filtracji na rys. 2.9 wartości wyjściowe są przekazywane do N równolegle włączonych przetworników cyfrowo-analogowych a następnie do analogowych filtrów sumujących.

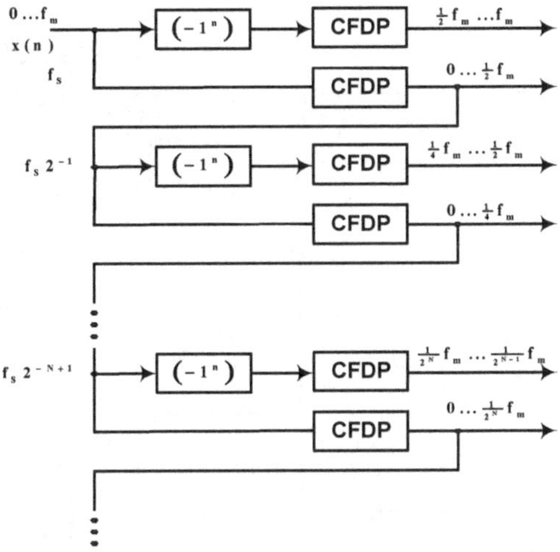

Rys. 2.12 Schemat strukturalny banku filtrów do analizy oktawowej

Sprzętowa realizacja rozpatrzonych wariantów schematów blokowych możliwa jest za pomocą specjalizowanych procesorów klasy DSP lub cyfrowych układów logicznych. W pierwszym przypadku algorytmy obliczeniowe są zapisywane w postaci programu. Realizacja za pomocą układów logicznych prowadzi do tzw. rozproszonej obróbki, kiedy elementy cyfrowego analizatora widma: filtry, kwadratory, bloki, uśrednienia są realizowane w postaci oddzielnych modułów. Bez względu na zastosowaną technologię w skład analizatora wchodzą pamięci danych wejściowych i wyjściowych, pamięci stale i ulotne, układy sterowania oraz moduły wyświetlania rezultatów obliczeń. Możliwe schematy funkcjonalne zostały pokazane na rys. 2.7-2.12.

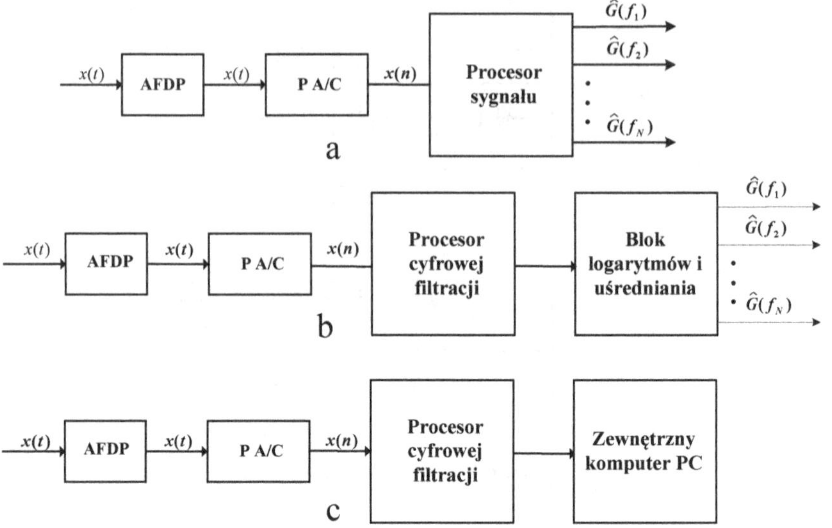

Rys. 2.13 Ogólne schematy blokowe filtrowych cyfrowych analizatorów widma

Analiza sposobów realizacji algorytmów widmowej analizy pozwala wyodrębnić trzy podstawowe warianty strukturalnych rozwiązań cyfrowego analizatora, pokazanych na rys. 2.13. W pierwszym przypadku cyfrowy procesor analizatora wykonuje cały algorytm, włącznie z cyfrową filtracją, podnoszeniem do kwadratu, uśrednieniem i logarytmowaniem (rys. 2.13a). Połączenie różnorodnych funkcji w jednym procesorze nie pozwala na osiągnięcie dużej produktywności w czasie rzeczywistym. Dla szerokopasmowej analizy wypadałoby wyodrębnić oddzielne bloki, wykonujące jednorodne operacje (rys. 2.13b) lub realizację algorytmów uśredniania jeśli to jest niezbędne, przełożyć na moduł nadrzędny (rys. 2.13c). Dwa ostatnie warianty znacznie zwiększają szybkość działania i funkcjonalne możliwości cyfrowego analizatora widma przy pracy w czasie rzeczywistym.

Przedstawione metody analizy stanowią klasyczne spojrzenie na wibroakustyczne analizatory widma (WAW). W chwili obecnej zakres oczekiwanych możliwości analitycznych wybiega wyraźnie poza w/w operacje. Najistotniejszym nowym wymaganiem jest możliwość prowadzenia efektywnej analizy badanych sygnałów w momentach niestabilnej pracy obiektów. Implikuje to konieczność wykorzystania innego zaawansowanego aparatu matematycznego i prowadzenia obliczeń w innej dziedzinie niż czas czy częstotliwość.

2.2. Sposoby realizacji algorytmów wibroakustycznej analizy widmowej

2.2.1. Środki sprzętowe w wibroakustycznych analizatorach widma

Pierwsze komercyjnie dostępne cyfrowe analizatory widma pojawiły się w latach 70-dziesiątych. Ich możliwości, parametry techniczne i budowa zmieniały się i zmieniają wraz z rozwojem technologii półprzewodnikowej. Początkowo konstrukcje analizatorów opierały się o szeroko rozumianą technikę TTL przy wykorzystaniu układów scalonych klasy MSI i LSI. Ich możliwości, co zrozumiałe, ograniczały się do niewielkiej liczby funkcji. Dużą trudność stanowiło już zrealizowanie podstawowych operacji np., sumowania czy mnożenia, które musiały być wykonane z podstawowych bramek typu NAND czy OR. Jedno urządzenie mogło wyznaczać tylko kilka, podobnych do siebie w naturze obliczeniowej wielkości. Wytwarzane analizatory były więc wysoce specjalizowane i bardzo drogie, a zakres ich zastosowań bardzo ograniczony, głównie do celów militarnych i naukowych. Dzięki wysokiej specjalizacji charakteryzowały się bardzo dużą wydajnością ale ze względu na rozmiary i duży pobór energii były urządzeniami stacjonarnymi.

Wraz z rozwojem techniki półprzewodnikowej przy przejściu do układów VLSI pojawiły się nowe możliwości [93] realizacji złożonych algorytmów. Dzięki skonstruowaniu mikroprocesora wykonanie operacji matematycznej stało się oczywiste („gotowe") a twórcy algorytmów mogli w dość prosty sposób przełożyć je na język maszynowy. W tej sytuacji szybko poszerzał się zakres zastosowań i szybko rosło zapotrzebowanie na analizatory z wielu dziedzin przemysłu. Dzięki miniaturyzacji i mniejszemu zapotrzebowaniu na energię dostępne stały się urządzenia przenośne.

W tym okresie nastąpił rozkwit algorytmów i pojawiło się wiele nowych zastosowań funkcji matematycznych. Jednak wielkie zapotrzebowanie ujawniło niedostatki techniki mikroprocesorowej zwłaszcza przy zastosowaniach wymagających pracy w czasie rzeczywistym. Ze względu na swą uniwersalność mikroprocesory nie wykonywały zadań w sposób optymalny z punktu widzenia szybkości realizacji algorytmu. Odpowiedzią przemysłu półprzewodnikowego były specjalizowane procesory, dedykowane do zastosowań z zakresu obróbki sygnałów [34], [74], [33] procesory DSP. Powstały więc analizatory widma o cenach możliwych do zaakceptowania w przemyśle. Dzięki użyciu techniki mikroprocesorowej interface użytkownika stał się prosty i łatwy w opanowaniu dla szerokiego kręgu ludzi. Analizatory zyskały również na funkcjonalności oferując niewielkim kosztem duży zakres funkcji analitycznych. Jednak mimo tej specjalizacji wzrost ich wydajności w porównaniu z pierwotnymi konstrukcjami nie odzwierciedla postępu w technologii półprzewodnikowej. Przyczyną jest fakt, iż pierwotne konstrukcje były ściśle specjalizowane i rozwiązania były dobierane na każdym poziomie realizacji (łącznie z doborem pojedyńczych bramek). Możliwości wdrożenia ściśle specjalistycznych rozwiązań dawały konstruowane na zamówienie układy scalone ASIC. Jednak ze względu na duże koszty przygotowania były one zbyt drogie do powszechnych zastosowań [58] w krótko seryjnych produkcjach (a do takich należą WAW).

Obecny stan technologii półprzewodnikowej zapewnia dostęp do szerokiej gamy specjalizowanych procesorów DSP. Wiodącymi producentami są Texas Instruments [10], Motorola [1] i Analog Devices [3] [dodatek A]. W ich ofercie znajdują się zarówno procesory DSP ogólnego przeznaczenia jak i bardzo wąsko wyspecjalizowane układy (np. tylko do zastosowań w telefonii komórkowej). Wydajność dostępnych mikroprocesorów zmienia się z szerokim zakresie i waha się od 10 do 5670 MIPS'ów przy zegarach od 40 do 720 MHz. Porównanie podstawowych parametrów przedstawiono w dodatku A. Wydawać mogłoby się, że tak szeroki zakres wydajności jest wystarczający [33] do wykonania wszelkiego typu obliczeń z zakresu techniki cyfrowego przetwarzania sygnałów wibroakustycznych (o szerokości pasma od zera do setek kiloherców). Jest to prawdą, jeżeli uwzględnimy realizację jednego konkretnego zadania. W przypadku wibroakustycznych analizatorów widma występują sytuacje, gdy potrzebne jest wykonanie różnorodnych zadań obliczeniowych i tak np., procesor który wykonuje wyznaczenie transformaty FFT z wystarczającą szybkością nie będzie w stanie wykonać analizy filtrowej z zadowalającą wydajnością. Również zastosowanie pojedyńczego procesora o maksymalnej dostępnej na rynku mocy obliczeniowej jest zwykle nieuzasadnione logicznie i ekonomicznie, tak jak przewiezienie, np. jednej lodówki ciężarówką o 40 tonowym tonażu. W takiej sytuacji doskonałym uzupełnieniem a czasami alternatywą są logiczne układy reprogramowalne klasy FPGA i CPLD. Obecnie wiodącymi producentami są firmy Xilinx i Altera [2], [11]. Produkowane przez nie układy stanowią ekwiwalent od kilkuset do kilku milionów podstawowych bramek przy częstotliwościach pracy rzędu kilkuset MHz. Pozwala to w pojedyńczym układzie zmieścić nawet strukturę całego średniej klasy mikroprocesora z układami peryferyjnymi i pamięcią.

Przegląd głównych rodzin układów FPGA i CPLD przedstawiono w dodatku A. Podstawową wadą tych podzespołów jest to, iż implementacja algorytmu obliczeniowego wymaga, np. zaprojektowania od podstaw układów sumowania i mnożenia. Oznacza to dłuższy czas projektowania i niż w przypadku przygotowania oprogramowania. Z drugiej jednak strony pozwala na udoskonalenie wydajności dzięki zastosowaniu precyzyjnego dopasowania budowy wewnętrznej do realizowanego algorytmu (podobnie jak w pierwotnych konstrukcjach) przy zachowaniu łatwości przełączania na inny typ obliczeń (podobnie jak w przypadku mikroprocesorów). Jak istotne jest dokładne dopasowanie struktury obliczeniowej do realizowanego algorytmu niech świadczy zestawienie [11] przedstawione w poniższej tabeli 2.1.

Funkcja	***Najszybszy przemysłowo produkowany procesor DSP***	***Platforma Virtex II Pro (FPGA)***
8x8 mnożenie i sumowanie (MAC Multiply Accumulate)	4.8 Billion MAC/s fclk = 600 MHz	1 Trillion MACs/s fclk = 300 MHz
Filtr typu FIR 256 tap o liniowej fazie, 16-bit dane i współczyn-niki	9.3 MSPS* fclk = 600 MHz	300 MSPS fclk = 300 MHz
16-bit zespolone FFT 1024 punkty	10 μs fclk = 600 MHz	1 μs fclk = 150 MHz

*MSPS- Milion Sample Per Second - milion próbek na sekundę.

Tabela 2.1 *Porównanie możliwości obliczeniowych układów FPGA i mikroprocesorów DSP*

Z tego krótkiego porównania widać, że drogą doboru architektury obliczeniowej [65] można uzyskać wielokrotnie wyższą wydajność obliczeń, przy niższym podstawowym zegarze. Analizując zmiany zachodzące w możliwościach układów logicznych można zauważyć tendencję wzrostu ich zastosowań w cyfrowej obróbce sygnałów [124]. Ich producenci dostrzegli to zjawisko i aby zwiększyć możliwości i ułatwić zadanie projektantom, w najnowszych seriach podzespołów wbudowali układy mnożące (np., seria Virtex II Pro firmy Xilinx). Należy zauważyć, że w chwili obecnej i przez najbliższe kilka lat podstawą w konstrukcjach WAW będą zarówno procesory DSP jak i reprogramowalne układy logiczne, przy czym zadania mikroprocesorów to realizacja skomplikowanych „filozoficznie" operacji (np., sterowanie przebiegiem całego procesu pomiarowego) zaś układów FPGA stosunkowo prostych algorytmów ale o wysokich wymaganiach wydajnościowych (układ FPGA pełni rolę specjalistycznego koprocesora). Zastosowanie obu rodzajów układów pozwala na wykorzystanie ich najlepszych cech. Dzięki technologii przeprogramowania układów logicznych bez konieczności demontażu ich z gotowego urządzenia pojawiła się możliwość stworzenia struktur obliczeniowych, które możemy nazwać rekonfigurowalnymi procesorami [20], [124], czyli tak jakby nastąpiła wymiana mikroprocesora na inny typ lepiej dopasowany budową wewnętrzna i listą rozkazów do nowego zadania. A wszystko to bez konieczności przeprojektowania pozostałych podzespołów urządzenia. Jednak wykorzystanie tak dużych potencjalnych możliwości wymaga nowego spojrzenia na algorytmy i metody ich mapowania w sprzęcie [12], [121] oraz projektowania realizacji modelu matematycznego z jednoczesnym uwzględnieniem zagadnień oprogramowania i sprzętu [55], [41], [108].

2.2.2. Zasady programowej realizacji cyfrowych filtrów czasu rzeczywistego

Podstawowym składnikiem wszystkich WAW jest tzw., filtrowy analizator widma. Matematyczne podstawy jego działania i struktury zostały przedstawione w rozdz. 2.1. Ich podstawowe cechy, które mają wpływ na wybór podzespołów do fizycznej realizacji to: 80-95% operacji przypada na proces cyfrowej filtracji; duża ilość działań mnożenia i sumowania (operacja typu mnóż i dodaj – MiD ang. MAC) przypadająca na jeden okres dyskretyzacji; duża szybkość napływu danych; wysoki stopień regularności algorytmów pozwalający na zrównoleglanie obliczeń; cykliczne powtarzanie algorytmu dla każdej wartości sygnału wejściowego; minimalna złożoność to 10 operacji mnożenia (analiza oktawowa filtrami niskiej jakości); maksymalna złożoność jest teoretycznie nieograniczona, gdyż możliwe jest nieograniczone zwiększanie liczby kanałów i rozdzielczości słowa sygnałów wejściowych. W sytuacji permanentnego zapotrzebowania na moc obliczeniową, zwłaszcza przy pracy w czasie rzeczywistym [124], [12], [78] stale aktualnym zagadnieniem jest uzyskanie jak najwyższej wydajności obliczeniowej przy ograniczonych zasobach sprzętowych.

W przypadku fizycznej realizacji układów obliczeniowych przeznaczonych do zastosowań przemysłowych, podstawowym kryterium oceny jest nie „czysta" moc obliczeniowa lecz efektywność rozumiana jako relacja wydajność/koszt (chodzi o wykonanie zadanych obliczeń w pewnym rytmie czasowym przy jak najniższych kosztach czyli zastosowaniu sprzętu o możliwie niskiej cenie). Oznacza to potrzebę stałego doskonalenia struktur obliczeniowych i zwiększania ich możliwości obliczeniowych drogą dopasowania do wymogów konkretnego zadania.

Poszukiwanie ostatecznej formy realizacyjnej to proces bardzo złożony, który można rozbić na dwie kategorie zadań. Pierwsza to wyznaczanie możliwych wariantów form modelu matematycznego i wynikających z niego funkcjonalnych struktur obliczeniowych prowadzących do wyznaczenia szukanych wielkości. Druga, to porównanie architektury wewnętrznej dostępnych podzespołów z strukturami funkcjonalnymi i ocena efektywności wdrożenia schematów funkcjonalnych za pomocą poszczególnych środków sprzętowych. Ze względu na mnogość układów elektronicznych porównanie efektywności odbywa się nie po dokonaniu pełnej implementacji lecz drogą podziału środków sprzętowych na kategorie a funkcjonalnych struktur obliczeniowych na grupy i analizie ich wzajemnego dopasowania. Potem przechodzi się do poziomów o większej szczegółowości już w ramach wybranych powiązań kategoria środków sprzętowych-grupa funkcjonalnych struktur obliczeniowych.

W przypadku wibroakustycznych analizatorów widma „dostrajanie" układów obliczeniowych obejmuje przede wszystkim poszukiwanie struktur filtracji pasmowej, czyli struktur realizacji filtrów pasmowych (FP) i dolnoprzepustowych (FDP). Dotyczy to zarówno implementacji za pomocą procesorów DSP [33] jak i układów logicznych, przy czym w drugim przypadku potrzebna jest szczególna troska, gdyż podstawowe operacje takie jak sumowanie czy mnożenie również muszą być indywidualnie zaprojektowane. Warianty funkcjonalnych struktur obliczeniowych cyfrowych filtrów opierają się na modyfikacjach podstawowego ogólnego równania cyfrowego filtru – równanie (1.2), Ilość możliwych modyfikacji jest bardzo duża. Przykładowe, najczęściej stosowane pokazano poniżej [73], [17], [66]:

$$\begin{cases} m(n)=x(n)-\sum_{i=1}^{N} b_i m(n-i) \\ y(n)=\sum_{i=0}^{N} a_i m(n-i), \end{cases} \tag{2.14}$$

$$\begin{cases} p_i(n)=p_{i+1}(n-1)+a_i x(n)-b_i y(n),\ i=\overline{1,N-1} \\ p_N(n)=a_N x(n)-b_N y(n) \\ y(n)=a_0 x(n)+p_1(n-1), \end{cases} \tag{2.15}$$

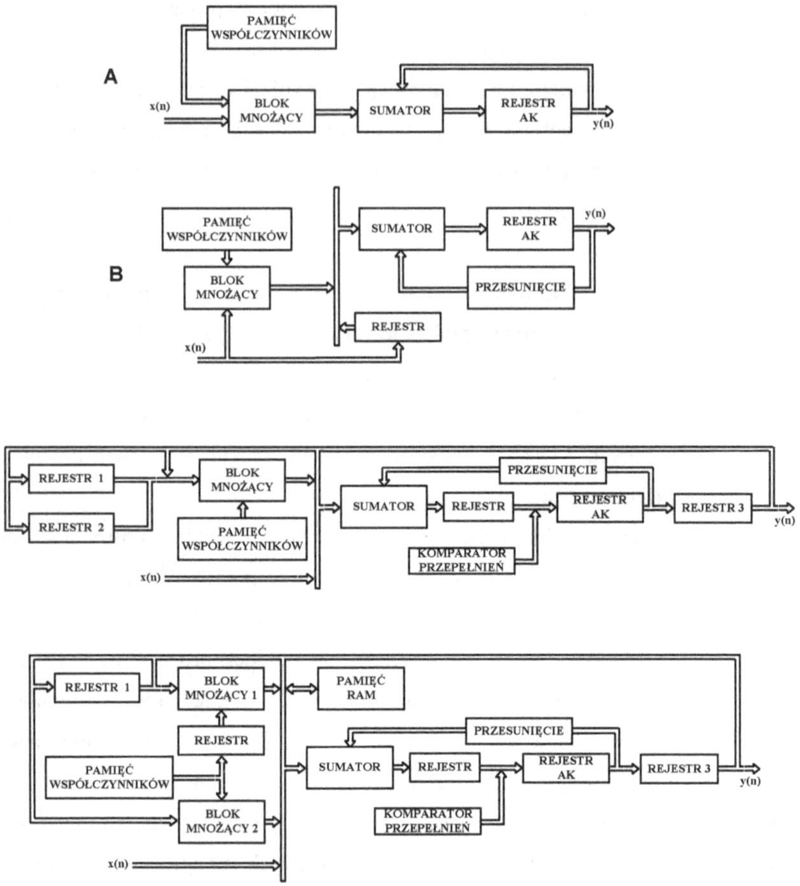

Rys. 2.14 Struktury blokowe modułów implementacji sprzętowej

$$\begin{cases} v_0(n)=x(n)+v_1(n-1) \\ v_{2,N}(n)=a_N v_0(n) \\ v_{1,N}(n)=-b_N v_0(n) \\ v_{2,i}(n)=a_i v_0(n)+v_{2,i+1}(n-1) \\ v_{1,i}(n)=-b_i v_0(n)+v_{1,i+1}(n-1) \\ y(n)=a_0 v_0(n)+v_{2,1}(n-1), \end{cases} \tag{2.16}$$

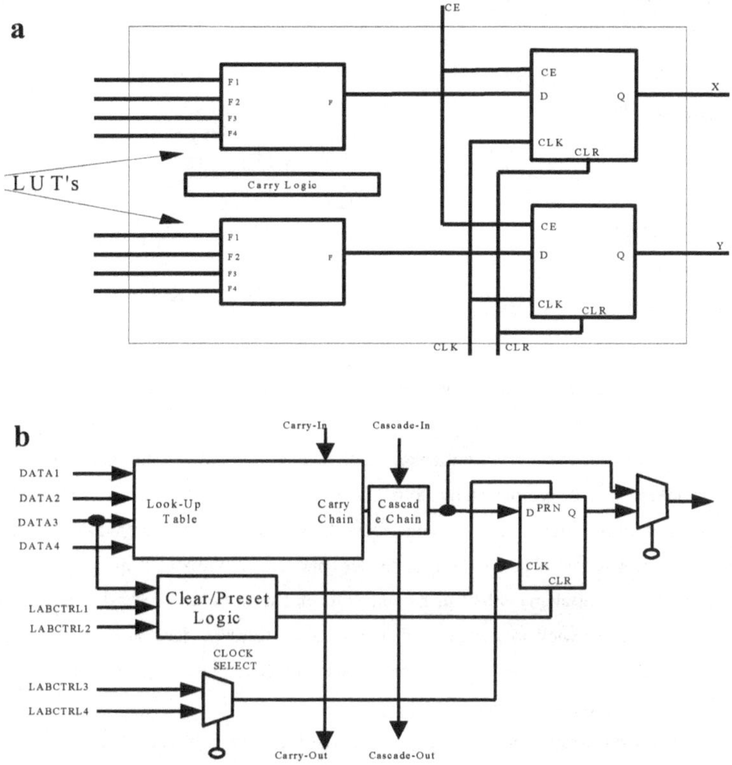

Rys. 2.15 Przykładowe makrokomórki w układach progamowalnych

gdzie a_i, b_i współczynniki filtru, *x(n-i), y(n-i)* wej- i wyjściowe wartości opóźnione o *i* taktów.

Równania (1.2), (2.14),(2.15),(2.16) określają cztery struktury filtrów odpowiednio S1, S2, S3, S4 a ich krótką charakterystykę z punktu widzenia prowadzenia obliczeń pokazano w tabeli 2.2.

Parametr	***S1***	***S2***	***S3***	***S4***
Ilość elementów opóźniających	N	N	2N	2N
Ilość mnożeń	2N+1	2N+1	2N+1	2N+1
Ilość sumatorów	2	N+1	1	2N
Ilość rozgałęzień sygnału	N+1	2	2N	1

Tabela 2.2 *Porównanie funkcjonalne struktur filtrów N-tego rzędu*

Podane dane ilustrują złożoność i funkcjonalne różnice w procesie obliczeń takiego samego filtru wykonywanych w sposób określony formą zapisu równania. W praktycznych rozwiązaniach implementacja filtrów opisanych równaniem wysokiego rzędu jest wykonywana w postaci układu połączonych prostych struktur, zwykle ogniw drugiego rzędu. Rozbicie na proste struktury daje większą dokładność ustalenia położenia biegunów (czyli kształtu charakterystyki częstotliwościowej) oraz pozwala uzyskać większą wydajność dzięki temu, iż wszystkie dane na których wykonywane są przekształcenia, zmieszczą się w rejestrach wewnętrznych (umieszczenie w pamięci zewnętrznej oznacza znacznie dłuższy czas dostępu).

Ogólnym przypadkiem ogniwa drugiego rzędu jest filtr opisany równaniem:

$$H(z)=a_0*\frac{1+\alpha_1 z^{-1}+\alpha_2 z^{-2}}{1+b_1 z^{-1}+b_2 z^{-2}}. \qquad (2.17)$$

Równania wyznaczające jego realizację przyjmują postać:

$$S1:\quad \begin{aligned} & m(n)=a_0 x(n)-b_1 m(n-1)-b_2 m(n-2) \\ & y(n)=m(n)+\alpha_1 m(n-1)+\alpha_2 m(n-1), \end{aligned} \tag{2.18}$$

$$S2:\quad \begin{aligned} & y(n)=a_0 x(n)+p_1(n-1)-b_1 y(n) \\ & p_1(n)=a_0\alpha_1 x(n)+p_2(n-1)-b_1 y(n) \\ & p_2(n)=a_0\alpha_2 x(n)-b_2 y(n), \end{aligned} \tag{2.19}$$

$$S3:\quad y(n)=a_0 x(n)+a_0\alpha_1 x(n-1)+a_0\alpha_2 x(n-2)-b_1 y(n-1)-b_2 y(n-2)\,, \tag{2.20}$$

$$S4:\quad \begin{aligned} & v_0(n)=a_0 x(n)+v_1(n-1) \\ & y(n)=v_0(n)+v_2(n-1) \\ & v_1(n)=-b_1 v_0(n)-b_2 v_0(n-1) \\ & v_2(n)=\alpha_1 v_0(n)+\alpha_2 v_0(n). \end{aligned} \tag{2.21}$$

Zapis równań implikuje kolejność obliczeń i strukturę układu liczącego, czyli ilość potrzebnych podzespołów mnożących, sumujących, rejestrów pamiętających i ich wzajemnych połączeń. Możliwych jest jeszcze szereg innych struktur ogniwa drugiego rzędu. Oprócz wymienionych, szeroko stosowane są algorytmy oparte o równania z zespolonymi-sprzężonymi biegunami [74]. Takie struktury oznaczymy SZ1 i SZ2. Ich równania mają poniższą postać:

$$SZ1:\quad \begin{aligned} & y(n)=a_0 x(n)+s_2(n-1) \\ & s_1(n)=g_1 s_1(n-1)-g_2 s_2(n-1)+g_3 x(n) \\ & s_2(n)=g_1 s_2(n-1)+g_2 s_1(n-1)+g_4 x(n), \end{aligned} \tag{2.22}$$

$$SZ2:\quad \begin{aligned} & y(n)=a_0 x(n)+g_3 t_1(n-1)+g_4 t_2(n-1) \\ & t_1(n)=g_1 t_1(n-1)+g_2 t_2(n-1) \\ & t_2(n)=x(n)+g_1 t_2(n-1)-g_2 t_1(n-1), \end{aligned} \tag{2.23}$$

gdzie g_l wyznacza się z równania $D(z)=a_0+A/(z+p)+A^* r/(z+p^*)$ i zależności $g_1=-\mathrm{Re}(p)$, $g_2=-\mathrm{Im}(p)$, $g_3=-2\,\mathrm{Im}(A)$, $g_1=2\,\mathrm{Re}(A)$. Porównanie ilości wykonywanych operacji dla wszystkich w/w opisanych struktur przedstawiono w tabeli 2.3.

Parametr	*S1*	*S2*	*S3*	*S4*	*SZ1*	*SZ2*
Ilość elementów opóźniających	2	2	4	4	2	2
Ilość mnożeń	5	5	5	5	7	7
Ilość sumatorów	2	3	1	4	3	3
Ilość rozgałęzień sygnału	3	2	4	1	3	3

Tabela 2.3 *Porównanie struktur ogniw drugiego rzędu*

Pokazana powyżej krótka analiza wskazuje na różnice ilościowe operacji niezbędnych do wyznaczenia wartości końcowej *y(n)* przy zastosowaniu różnego modelu matematycznego. Implementacja praktyczna – sprzętowa musi jednak brać pod uwagę także cechy szczególne dwóch głównych kategorii układów: mikroprocesorów i układów logicznych. Poniżej przeanalizowane zostaną możliwości implementacji pokazanych wyżej równań.

We wszystkich przypadkach wyznaczenie końcowej wartości *y(n)* musi następować w czasie nie dłuższym niż okres dyskretyzacji Δt - takt napływu danych wejściowych. Przy zastosowaniu mikroprocesorów mamy implementację nazywaną dalej programową, czyli za pomocą zestawu instrukcji wykonywanych sekwencyjnie. W zależności od formy równania możliwe jest rozłożenie obliczeń na więcej niż jeden okres dyskretyzacji, przy zachowaniu rytmu wyprowadzania wartości końcowej równym Δt. W takiej sytuacji obliczenia wykonywane w celu wyznaczenia wartości *y* w *n*-tym takcie można rozbić na trzy fazy: OUTPUT PROCESSING, POST-PROCESSING i PRE-PROCESSIG.

OUTPUT PROCESSING to wyznaczenie *y(n)* i pomocniczych wielkości bezpośrednio potrzebnych do obliczenia *y(n)*. POST-PROCESSING to wartości zależne od wielkości wyznaczonych w trakcie OUTPUT PROCESSING. PRE-PROCESSING to wyznaczenie wielkości zależnych tylko od wartości z poprzednich taktów. Poprzez taki podział możliwe jest ustalenie jakie operacje zostaną wykonane w czasie jednego odcinka czasu Δt i ocenę możliwości ich wykonania za pomocą konkretnego modelu mikroprocesora. Poniżej przedstawiono układ operacji dla sześciu wcześniej opisanych struktur funkcjonalnych.

Struktura S1:

OUTP-S1: $m(n)=a_0 x(n)+T_1$
$y(n)=m(n)+T_2$,

POST-S1: brak,

PRE-S1: $T_1=-b_1 m(n-1)-b_2 m(n-2)$
$T_2=\alpha_1 m(n-1)+\alpha_2 m(n-2)$.

Struktura S2:

OUTP-S2: $y(n)=a_0 x(n)+p_1(n-1)$,

POST-S2: $p_1(n)=a_0\alpha_1 x(n)+p_2(n-1)-b_1 y(n)$
$p_2(n)=a_0\alpha_2 x(n)-b_2 y(n)$,

PRE-S2: brak.

Struktura S3:

OUTP-S3: $m(n)=a_0 x(n)+T_1$
$y(n)=m(n)+T_2$,

POST-S3: brak,

PRE-S3: $T_1=-b_1 m(n-1)-b_2 m(n-2)$
$T_2=\alpha_1 m(n-1)+\alpha_2 m(n-2)$.

Struktura S4:

OUTP-S4: $v_0=a_0 x(n)+v_1(n-1)$
$y(n)=v_0(n)+v_2(n)$,

POST-S4: $v_1(n)=-b_1 v_0(n)-b_2 v_0(n-1)$
$v_2(n)=\alpha_1 v_0(n)+\alpha_2 v_0(n-1)$,

PRE-S4: brak.

Struktura SZ1:

OUTP-SZ1: $y(n)=a_0 x(n)+s_2(n-1)$,

POST-SZ1: $s_1(n)=g_1 s_1(n-1)+g_3 x(n)-g_2 s_2(n-1)$
$s_2(n)=g_1 s_2(n-1)+g_2 s_1(n-1)+g_4 x(n)$,

PRE-SZ1: brak.

Struktura SZ2:

OUTP-SZ2: $y(n)=a_0 x(n)+T_3$,

POST-SZ2: $t_1(n)=g_1 t_1(n-1)+g_2 t_2(n-1)$

$t_2(n)=x(n)+g_1 t_2(n-1)+g_2 t_1(n-1)$,

PRE-SZ2: $T_3=g_3 t_1(n-1)+g_4 t_2(n-1)$.

Na rys. 2.16 zilustrowano rozłożenie poszczególnych faz wykonywania obliczeń w czasie. W każdym odcinku czasu Δt mogą być wykonywane są trzy fazy. W zależności od przyjętego modelu matematycznego tych operacji może być mniej. Należy zauważyć, że fazy PRE i POST służą wyznaczaniu wartości *y* w następnym takcie, czyli obliczenie wartości wyjściowej w *n*-tym takcie jest rozbite na dwa odcinki czasu – *(n-1)*-szy oraz *n*-ty.

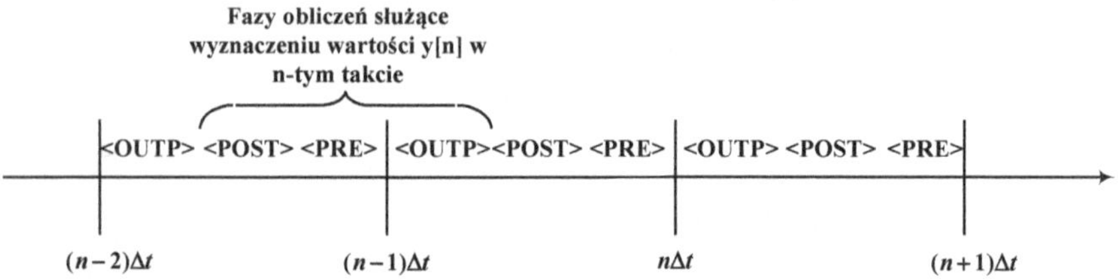

Rys. 2.16 Ilustracja rozłożenia faz wykonywania obliczeń w czasie

Taka forma opisu procesu obliczeniowego pozwala na przejrzyste ustalenie czasu potrzebnego na jego wykonanie przy ustalonym układzie mikroprocesorowym i pozwala na dobranie struktury funkcjonalnej i typu procesora tak aby uzyskać jak najkrótszy czas wykonania obliczeń. Pokazuje także, że aby uzyskać wysoką efektywność nie wystarczy określić układ funkcjonalny o minimalnej ilości najdłużej wykonywanej operacji (zwykle mnożenia) lecz trzeba rozpatrywać je razem z architekturą wewnętrzną procesora, gdyż np. przy małej ilości mnożeń potrzebnych jest więcej elementów pamiętających i jeśli nie zmieszczą się one w rejestrach wewnętrznych to konieczne będzie odwołanie się do pamięci zewnętrznej co istotnie przedłuży czas obliczeń tak, że utracona zostanie przewaga wynikająca z mniejszej ilości mnożeń.

2.2.3. Metody sprzętowej realizacji cyfrowych filtrów czasu rzeczywistego

Drugą kategorią implementacji struktur funkcjonalnych jest implementacja nazywana dalej sprzętową – za pomocą układów logicznych. W tym przypadku wszystkie działania arytmetyczne są realizowane przy użyciu funktorów logicznych. We wszystkich wariantach równań opisujących filtry mamy ciąg operacji mnożenia i kolejnych sumowań (operacje MiD). W implementacjach sprzętowych blok wykonujący taką funkcję stanowi główny element struktury liczącej. Możliwe są różne warianty podłączeń bloków MiD. Przykładowe realizacje pokazano na rys. 2.14.

W zależności od sposobu połączenia poszczególnych bloków dana struktura licząca nadaje się do efektywnej implementacji innego typu obliczeń. Wariant przedstawiony na rys. 2.14a odpowiada wykonywaniu operacji typu splot. Z kolei struktura z rys. 2.14b zawiera dodatkowo układ przesuwający pozwalający na dokonywanie korekcji przepełnień w sumatorze oraz dodatkowy rejestr buforujący sygnał wejściowy dzięki któremu możliwe jest pominięcie mnożenia, gdy współczynnik jest równy jedności co przyśpiesza uzyskanie rezultatu. Schemat blokowy z rys. 2.14c to przykład podstawowej konfiguracji specjalizowanej do obliczeń realizacji filtru drugiego rzędu. Na rys. 2.14d pokazana jest modyfikacja dająca istotnie wyższą wydajność dzięki użyciu dwóch bloków mnożących (możliwe zrównoleglanie obliczeń), jednak okupiona kosztem dodania pamięci RAM.

Przedstawione wyżej struktury blokowe zakładają zastosowanie układów logicznych abstrahując od ich struktury wewnętrznej. Współcześnie dostępne podzespoły typu FPGA i CPLD są zorganizowane w specyficzny sposób. Podstawowym ich elementem jest tzw. makrokomórka, której charakterystyczną cechą jest zawartość małej pamięci określanej jako LUT – Look Up Table. Przykładowe makrokomórki stosowane przez wiodących producentów pokazano na rys. 2.15. Para LUT+rejestr pozwala łatwo zaimplementować dowolna funkcję logiczną 4-ch zmiennych, łącznie z 2-bitowym dodawaniem i odejmowaniem. Łącząc takie pary równolegle można zrealizować funkcje żądanej liczby zmiennych. Obecność dedykowanego bloku logiki przeniesień pozwala na bardzo wydajną implementację złożonych funkcji arytmetycznych, a obecność rejestrów na zorganizowanie lokalnej pamięci i przetwarzania potokowego. Same tablice LUT mogą być użyte jako małe pamięci ROM, jedno- lub dwuportowe małe pamięci RAM czy też jako dowolne funkcje logiczne dwóch zmiennych. Dodatkowo układy w/w rodzin zawierają bloki pamięci SRAM (nie trzeba realizować jej za pomocą rejestrów). Taka organizacja wewnętrzna umożliwia wykorzystanie znanej od ponad dwóch dekad techniki nazywanej arytmetyką rozproszona -AR (ang. Distributed Arithmetic – DA).

Arytmetyka rozproszona [132], [134], [72] była intensywnie używana do konstruowania bloków liczących w czasach, gdy nie było mikroprocesorów a jedynie układy logiczne średniej skali integracji. W momencie pojawienia się procesorów została zarzucona i zapomniana do tego stopnia, że wielu inżynierów zajmujących cyfrowym przetwarzaniem sygnałów nie zna nawet tego hasła.

Arytmetyka rozproszona to sprzętowa realizacja algorytmu obliczeniowego wykonującego mnożenie za pomocą wstępnie obliczonej tablicy i sumowania wyników kolejnych mnożeń. Taki typ obliczeń jest podstawowym dla wielu funkcji z zakresu CPS. Sama idea algorytmu jest bardzo prosta [132] lecz jej realizacja wymaga sporego nakładu układów logicznych. Obliczenia realizowane za pomocą AR możemy zapisać w postaci równania (2.24):

$$y=\sum_{k=0}^{K} A_k X_k, \qquad (2.24)$$

gdzie: y- wynik, A_k-stały współczynnik dla k-tej zmiennej, X_k – k-ta zmienna, K – ilość zmiennych.

Wygodną i często stosowaną formą reprezentacji zmiennej X_k jest postać znormalizowana tak aby $|X_k| < 1$ w zapisie uzupełnień do 2-ch (standard dla stałoprzecinkowych operacji). Zatem X_k można przedstawić w postaci równania

$$X_k=-x_{k0}+\sum_{b=1}^{B-1} x_{kb}2^{-b}, \qquad (2.25)$$

gdzie x_{k0} i x_{kb} są zmiennymi binarnymi i mogą przyjąć tylko jedną z wartości 0 lub 1, B - ilość bitów w słowie. Równanie (2.24) przyjmie postać:

$$\begin{aligned} y&=\sum_{k=1}^{K-1} A_k\left[-x_{k0}+\sum_{b=1}^{B-1} x_{kb}2^{-b}\right],\\ y&=\sum_{k=1}^{K}\left[\sum_{b=1}^{B} A_k x_{kb}\right]2^{-b}+\sum_{k=1}^{K-1} A_k(-x_{k0}). \end{aligned} \qquad (2.26)$$

W rozwiniętej postaci możemy przedstawić następująco:

$$\begin{aligned} y=&[-x_{10}A_1+x_{20}A_2+x_{30}A_3+\cdots+x_{K0}A_K]\\ &+[x_{11}A_1+x_{21}A_2+x_{31}A_3+\cdots+x_{K1}A_K]2^{-1}\\ &+[x_{12}A_1+x_{22}A_2+x_{32}A_3+\cdots+x_{K2}A_K]2^{-2}\\ &\vdots\\ &+[x_{1(B-2)}A_1+x_{2(B-2)}A_2+x_{3(B-2)}A_3+\cdots+x_{K(B-2)}A_K]2^{-(B-2)}\\ &+[x_{1(B-1)}A_1+x_{2(B-1)}A_2+x_{3(B-1)}A_3+\cdots+x_{K(B-1)}A_K]2^{-(B-1)}. \end{aligned} \qquad (2.27)$$

Tak zapisane równanie pozwala na określenie prostego algorytmu jego wyliczenia. Należy zauważyć, że każde wyrażenie w kwadratowym nawiasie ma taki sam skończony zestaw wartości, gdyż zmienne binarne x_{kb} mimo, że należą do różnych słów przyjmują wartość 0 lub 1. Zestaw możliwych wartości to:

0 - gdy wszystkie x_{kb} są zerami (wartość $S_0=00..00$ słowa o długości równej ilości zmiennych binarnych w równaniu),

A_1 - gdy $x_{1b}=1$ pozostałe są zerami (kolejna wartość $S_1=00..01$ słowa),

A_2 - gdy $x_{2b}=1$ pozostałe są zerami (kolejna wartość $S_2=00..10$ słowa),

A_1+A_2 - gdy x_{1b} i $x_{2b}=1$ pozostałe są zerami (wartość $S_3=00..11$ słowa),

itd., aż do $A_1+A_2...+A_K$ - gdy wszystkie $x_{kb}=1$.

Teraz wystarczy wyliczyć wszystkie sumy współczynników (będzie ich 2^B), wpisać je do pamięci ROM pod adresami takimi jak odpowiadająca danej sumie kombinacja wartości x_{1b}, x_{2b} ... x_{Kb} (0 pod adres S_0, A_1 pod adres S_1, itd.) a do linii adresowych dołączyć, odpowiednio: linia adresowa 0 zmienna X_0 i-ty bit, linia adresowa 1 zmienna X_1 też i-ty bit, itd. a wartość wyrażenia w nawiasie kwadratowym otrzymujemy „natychmiast" (w jednym takcie odczytu pamięci). Mnożenie przez liczbę 2^{-1} wykonuje się przez proste przesunięcie w prawo. Obliczenia należy rozpocząć od pozycji bitowej o najmniejszej wadze. Aby otrzymać ostateczny wynik- wartość y należy jeszcze dokonać sumowania częściowych wyników przesuniętych o jedną pozycję w prawo. Dochodząc do ostatniej pozycji – znaku, należy dokonać nie sumowania lecz odejmowania. Schemat blokowy modułu AR wykonującego wyżej opisane operacje przedstawiono na rys. 2.17.

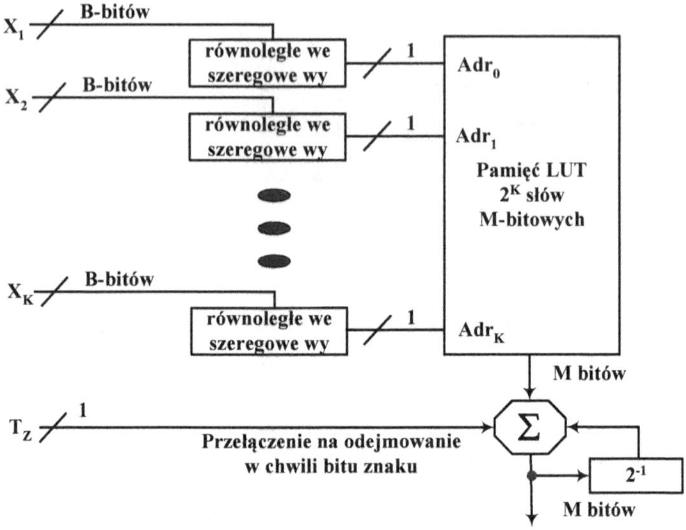

Rys. 2.17 Podstawowa struktura AR

Wartości słów X_k ładowane są do rejestrów przesuwnych, a następnie szeregowo wyprowadzane poczynając od najmłodszej pozycji. Wyliczenie ostatecznej wartości wymaga wykonania B (długość słowa zmiennej X_k) taktów przy rozmiarze pamięci ROM 2^K (K ilość zmiennych w równaniu). Linia Tz jest dołączona w celu zrealizowania operacji odejmowania w momencie, gdy jest dostarczony bit znaku.

Taka struktura posiada kilka zalet w porównaniu z obliczeniami wykonywanymi za pomocą procesorów:

- czas wykonania operacji nie zależy od ilości zmiennych lecz tylko od długości słowa zmiennej,
- długość słowa wyniku możemy wybrać dowolną niezależnie od długości słowa danych wejściowych,
- długość słowa wyniku nie wpływa na czas wykonania obliczeń,
- długości słów mogą być dowolne (np., 9 ,13 bitów) i dokładnie dopasowane do potrzeb obliczeniowych.

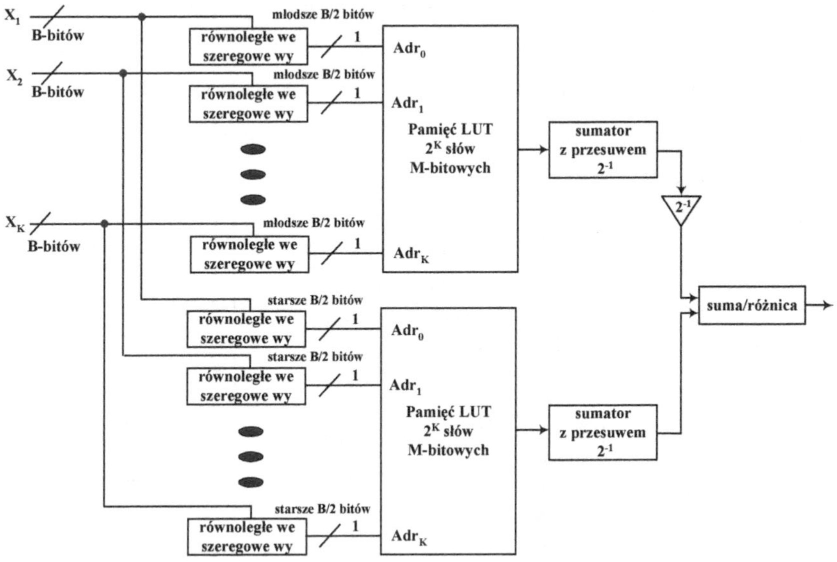

Rys. 2.18 Podwojenie szybkości działania kosztem linowego wzrostu pojemności pamięci

Struktura układu obliczeniowego daje się jeszcze optymalizować, zarówno pod względem szybkości pracy jak i rozmiaru potrzebnej pamięci ROM [132], [134]. Biorąc pod uwagę aktualnie dostępne układy programowalne, rozważanie możliwości zmniejszenia rozmiaru potrzebnych pamięci jest zagadnieniem czysto akademickim i w praktyce niepotrzebnym. Zdecydowanie istotniejsze jest zwiększenie szybkości działania. Istnieją dwa podstawowe sposoby zwiększenia szybkości działania. Pierwotna struktura AR wymaga wykonania *B* taktów dla wyliczenia całej sumy. Jak łatwo zauważyć przyśpieszenie działania można uzyskać drogą zrównoleglenia, tzn., użycia 2-ch pamięci z sumatorami i dołączenia do ich linii adresowych wyjść rejestrów zawierających po połowie

słowa wejściowego oraz dodania jeszcze jednego układu przesuwającego o $2^{-B/2}$ i modułu dodaj/odejmij. Układ zrównoleglony został pokazany na rys. 2.18 . Uzyskujemy w ten sposób 2-krotne przyśpieszenie działania kosztem 2 – krotnego powiększenia pamięci, przeprojektowania i rozbudowy układów sumatora i przesunięć. Postępując analogicznie możemy rozbudować strukturę tak, że wynik obliczeń otrzymamy w jednym takcie. Odbywa się to oczywiście kosztem użycia większej ilości sprzętu. Przy strukturze w pełni równoległej, przy *K* zmiennych o długości *B* bitów potrzeba $B*K$ pamięci o pojemności 2^K oraz $2B+1$ układów sumująco-przesuwających.

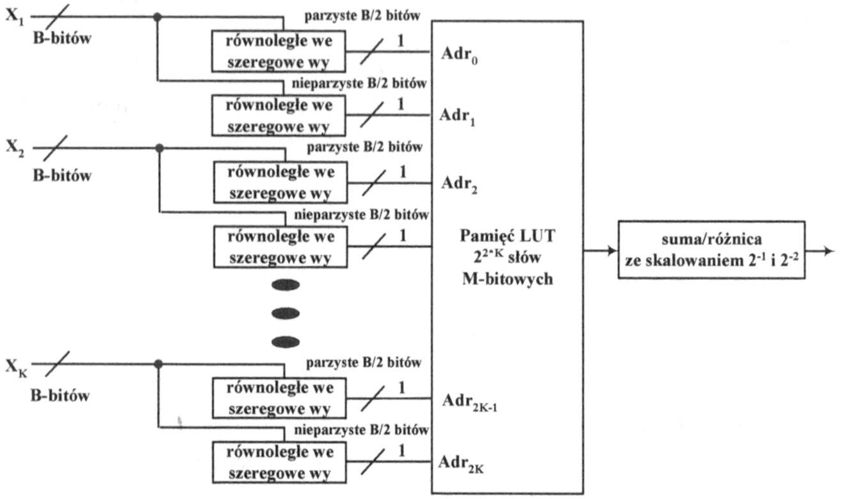

Rys. 2.19 Podwojenie szybkości działania kosztem wykładniczego wzrostu pojemności pamięci

Drugi sposób przyśpieszenia działania polega na podłączeniu do wejść adresowych pamięci więcej niż jednego bitu z każdego słowa zmiennej. Na rysunku 2.19 zilustrowano tą metodę dla przypadku 2-krotnego zwiększenia szybkości. Podobnie jak poprzednio, doprowadzając do pełnej równoległości (wszystkie bity każdego słowa dołączone jednocześnie) wynik obliczeń otrzymamy w jednym takcie . Tu koszt takiej struktury to pamięć o rozmiarze $2^{(B*K)}$ i jeden rozbudowany moduł sumujący. W praktyce pełne zrównoleglenie tą metodą jest niestety nie możliwe, bo już dla przypadku *8* zmiennych o długości *16* bitów potrzebna pamięć o pojemności to 2^{128} i dlatego stosuje się ją przy przyśpieszeniach 2 do 4 razy. Oczywiście możliwe są warianty stanowiące mieszankę obu metod.

Przedstawiona technika arytmetyki rozproszonej doskonale pasuje do realizacji obliczeń wymaganych do wykonania [95] filtracji cyfrowej. Łatwo zauważyć, że jeżeli zmienna y stanie się wartością sygnału na wyjściu filtru w chwili n czyli $y(n)$ a zmienne X_k staną się wartościami sygnału wejściowego w odpowiednich momentach czasowych to równania 2.24-2.27 staną się równaniami opisującym filtr typu FIR $y(n)=\sum_{k=0}^{K} A_k x(n-k)$. Algorytm obliczeń [77] wynika bezpośrednio z równania (2.27). Aby otrzymywać wynik obliczeń zgodnie z częstotliwością $f_s = 1/\Delta t$ napływania próbek sygnału wejściowego, w czasie między kolejnymi próbkami musimy wyznaczyć B (ilość bitów w słowie wejściowym) sum częściowych S i dokonać $B-1$ sumowań z przesunięciami. Wartości w nawiasach kwadratowych w równaniu (2.27) otrzymujemy jako wartość na wyjściu pamięci ROM i zależą one od zmiennych na wejściu i aktualnej pozycji bitowej w zmiennej. Formalnie możemy zapisać tą zależność jako funkcję dwóch zmiennych $F(j,n)$. Algorytm obliczeń przyjmie wówczas postać iteracyjną:

$$S(j)=S(j-1)*2^{-1}+F(j,n),\ j=od\ 1\ do\ B,\ S(0)=0,\ y(n)=S(B).$$

Jest on realizowany przez moduł arytmetyki rozproszonej z pamięcią ROM o rozmiarze 2^K. W praktyce spotykane filtry wymagają obliczeń przy $K>12$ co oznacza istotny wzrost rozmiaru pamięci. Rozwiązaniem tego problemu jest wykorzystanie możliwości zrównoleglenia algorytmu arytmetyki rozproszonej. Podzielenie zmiennych na dwie równoliczne grupy po $K_1=K_2=K/2$ zmiennych powoduje, że suma częściowa staje się $S(j)=S_1(j)+S_2(j)$, a postać iteracyjna algorytmu:

$$S_1(j)=S_1(j-1)*2^{-1}+F_1(j,n),\ j=od1\ do\ B,\ S_1(0)=0,$$

$$S_2(j)=S_2(j-1)*2^{-1}+F_2(j,n),\ j=od1\ do\ B,\ S_2(0)=0,$$

$$S(j)=S_1(j)+S_2(j),\ y(n)=S(B).$$

Teraz wyliczenie wymaga zastosowania dwóch modułów AR a każdy z nich wymaga pamięci o pojemności $2^{(K/2)}$. Czas obliczeń nie ulegnie zmianie, wymagana pamięć zmaleje z 2^K na $2*2^{(K/2)}$, a nasz koszt ograniczy się do jednego prostego sumatora. Zrównoleglenia możemy dokonać także zgodnie ze schematem na rys. 2.18. Wówczas iteracyjną postać algorytmu możemy opisać następująco:

$S(j)=S(j-1)*2^{-1}+F(j,n)+ F(j+1,n)*2^{-1}$, j=od 1 do B z krokiem 2, $S(0)=0$, $y(n)= S(B)$.

Teraz wyliczenie wymaga zastosowania również dwóch modułów AR i dodatkowo przesunięcia 2^{-1} ale wykonanie wymaga $B/2$ iteracji. Arytmetyka rozproszona ma też w swej strukturze realizacyjnej wbudowane możliwości pracy potokowej, co ma istotne znaczenie przy realizacji banku filtrów i przetwarzaniu typu multirate [88].

2.3. Nowa koncepcja architektury wewnętrznej wibroakustycznego analizatora widma

2.3.1. Funkcjonalne zasady ogólne

Diagnostyka maszyn przemysłowych jest szczególnie istotna i efektywna jeśli prowadzona jest w czasie bieżącej pracy. W trakcie jej wykonywania często na podstawie wstępnych obserwacji ustalane jest dopiero szczegółowo co trzeba zmierzyć. Może wystąpić konieczność nietypowego podziału badanego pasma lub uzyskanie zwiększonej maksymalnej dokładności łącznie z ustaleniem przebiegu charakterystyki w zakresie przejściowym użytych filtrów (np., przełączenie klasy dokładności z 3-ciej na zerową wg. [48]). Szczególnym przypadkiem są np., zawsze bardzo trudne analitycznie, momenty niestabilnej pracy (w maszynach wirujących są to chwile rozpędzania i hamowania). Z tych względów WAW powinien być urządzeniem przenośnym pracującym w czasie rzeczywistym o dużej elastyczności w konfiguracji możliwości obliczeniowych. Funkcjonalna organizacja [94] powinna spełniać następujące zasady:

a) *zasada efektywności* – otrzymanie żądanych rezultatów przy ograniczonych środkach;

b) *zasada rozwojowości* – możliwość zastosowania nowych środków;

c) *zasada standardowych rozwiązań* - możliwość zastosowania w systemie typowych środków technicznych;

d) *zasada separacji zadań* – ustalenie podziału klas zadań między klasy sprzętowe;

e) *zasada psychologicznego komfortu operatora* - odpowiednie przedstawienie informacji, możliwość dialogu w czasie rzeczywistym, itp.;

f) *zasada etapowości wdrażania systemu* - zastosowanie podsystemów pracujących niezależnie.

Wdrożenie wymienionych reguł wymusza tworzenie wielopoziomowego [117], hierarchicznego systemu z podziałem na moduły o rozdzielonych zadaniach. Zadania związane z projektowaniem i praktyczną realizacją specjalistycznych struktur obliczeniowych dla celów diagnostyki wibroakustycznej prowadzonej w czasie rzeczywistym, to zadania kompleksowe i złożone. Wymagają one skoordynowanego rozwiązania powiązań architektura-algorytmy obróbki wielowymiarowych procesów losowych. Już w czasie opracowywania algorytmu obliczeń należy uwzględnić cechy charakterystyczne sprzętu, zaś planowana architektura systemu obliczeniowego uwzględniać potrzeby algorytmów. Dodatkowe wyzwanie stanowi integracja heterogenicznego środowiska sprzętowego i organizacja rozproszonego, często zrównoleglonego procesu obliczeniowego.

2.3.2. Koncepcja architektury dynamiczne rekonfigurowalnego wibroakustycznego analizatora widma

W specjalizowanych systemach (a takim systemem jest analizator wibroakustyczny) optymalna (a w wielu przypadkach i ekstremalna) moc obliczeniowa warunkowana jest przede wszystkim jakością dopasowania zaprojektowanej architektury sprzętowej do stosowanych metod obliczeniowych. Szczególną cechą takiego podejścia jest przestrzenne rozproszenie aparatury, jak i rozdzielenie całego procesu obróbki danych na kilka luźno powiązanych podprocesów i przeniesienie go na kilka modułów. Zbalansowane połączenie użytych algorytmów z możliwościami architektury sprzętowej prowadzi do opracowania efektywnych ekonomicznie i wysokowydajnych procesorów obliczeniowych oraz urządzeń pomiarowych. Aktualnie dostępne urządzenia mają możliwości zmiany podzakresów częstotliwości jednak zwykle przy pewnym standardowym podziale pasma i zmniejszonej wydajności po przestawieniu na precyzyjniejsze pomiary (w podawanych parametrach widoczne to jest np. w ograniczeniu zakresu badanych częstotliwości). Wynika to z ich architektury wewnętrznej, która została dopasowana do pewnej grupy zadań obliczeniowych i „wyjście” poza tą grupę skutkuje np., zmniejszoną wydajnością lub ograniczoną dokładnością.

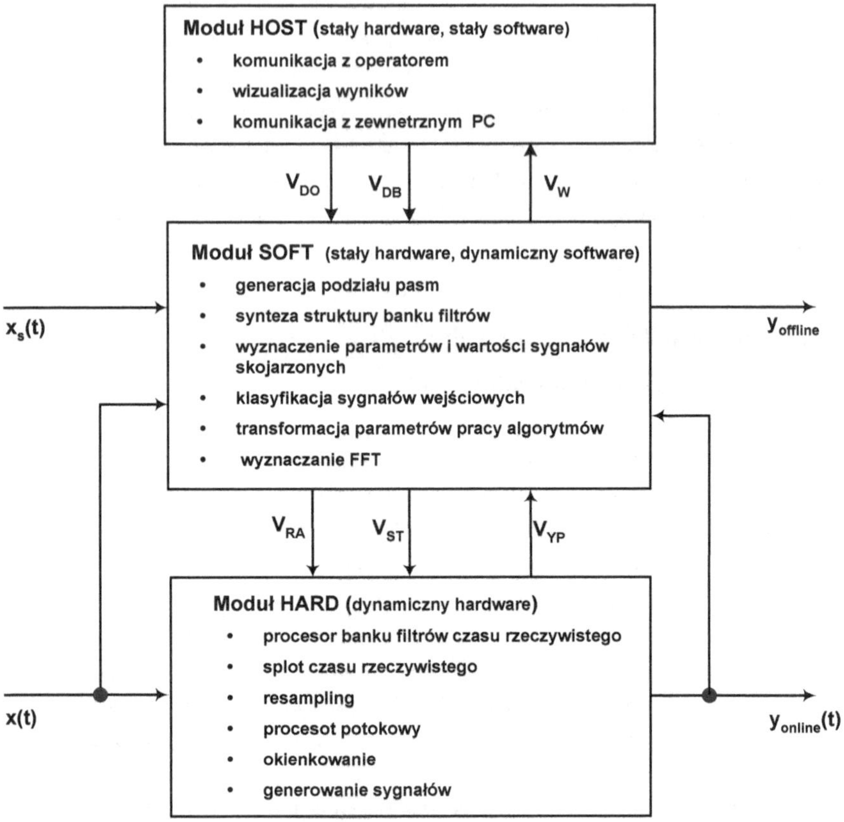

Rys. 2.20 Schemat blokowy architektury DRAW

Uzyskanie stałej wydajności po zmianie klasy realizowanych obliczeń wymaga zmodyfikowania algorytmów i w niektórych sytuacjach dokonania dynamicznej zmiany budowy struktur obliczeniowych. Techniki transformacji algorytmów wymienione w pracach [12], [83], [127] są stosowane w fazie projektowania VLSI. Taka transformacja nazywana jest statyczną, gdyż po ustaleniu struktury wewnętrznej procesora obliczeniowego nie możliwe jest ich zmienianie. Aktualnie ze względu na nowe możliwości układów programowalnych (wielokrotne reprogramowanie już po zamontowaniu układu na płytce drukowanej) pojawiły się koncepcje dynamicznej transformacji (czyli w ramach pracującego układu) zarówno na poziomie sprzętowym [139] jak i algorytmicznym [58],

[124]. Taka potrzeba wynika z faktu, że sygnały wejściowe zwykle zmieniają swój charakter i jest lepiej (z punktu widzenia precyzji uzyskanych wyników i szybkości działania) zaadoptować algorytmy i struktury obliczeniowe do warunków sygnałów wejściowych. Takie systemy klasyfikowane są obecnie jako rekonfigurowalne systemy cyfrowego przetwarzania sygnałów [12], [124]. Poniżej zaproponowane zostało rozwiązanie pozwalające na **dynamiczną rekonfigurację architektury wewnętrznej -DRAW** (ang. Dynamic Reconfigurable Internal Architecture-DRIA). Strukturę blokową takiego systemu do zastosowań w wibroakustycznych analizatorach widma DRAW-WAW przedstawiono na rys.2.20

System DRAW-WAW składa się z trzech głównych modułów. Realizację idei dynamicznie rekonfigurowalnej architektury wewnętrznej zapewniają moduły SOFT i HARD zaś moduł HOST stanowi klasyczny blok komunikacji z operatorem i innymi zewnętrznymi systemami. Uruchomienie procesu obliczeniowego następuje na żądanie z zewnątrz (operator lub system komputerowy). W oparciu o ustawione zadania moduł HOST definiuje tryb pracy, który jest jednoznacznie określony za pomocą wektorów pracy: V_{DO} (wektor danych ogólnych) i V_{DB} (wektor danych binarnych). Wektor danych ogólnych V_{DO} zawiera informacje ogólne typu: rodzaj analizy do wykonania, zakres pomiarowy, sposób podziału na pasma, typy wyjść do których mają być przekazane wyniki. Dodatkowo definiuje wektor danych binarnych V_{DB} zawierający informacje szczegółowe typu: dynamika pomiarów, ilość pasm, ewentualnie zakresy poszczególnych pasm, rozdzielczość, ilość kanałów pomiarowych. Wektory V_{DO} i V_{DB} są przekazywane do modułu SOFT. W przypadku prostej korekty zadanych opcji wysyłany będzie tylko wektor V_{DB}.

Drugą zasadniczą funkcją bloku HOST jest prezentacja rezultatów obliczeń otrzymywanych z modułu SOFT. Możliwa jest wizualizacja danych otrzymanych w postaci wektora wyników V_W za pomocą wewnętrznego układu wyświetlającego lub zewnętrznego systemu prezentacji w postaci obrazu czy wydruku. Istotną funkcją dodatkową musi być przekazywanie w postaci ciągu binarnego nowych wersji oprogramowania dla modułu SOFT i nowych architektur sprzętowych modułu HARD (wykorzystanego do tego celu wektory V_{DO} i V_{DB}). Ze względu, iż filozofia komunikacji z operatorem (bezpośredniej – za pomocą klawiatury lokalnej, pośredniej – poprzez system zewnętrzny) może być opracowana jednorazowo bez konieczności późniejszych zasadniczych modyfikacji, moduł HOST nie musi mieć zmiennej architektury i oprogramowania, czyli może być blokiem o stałym oprogramowaniu i stałym układzie sprzętowym. Dobrą propozycją układów do jego realizacji jest zastosowanie mikrokontrolera typu RISC 16/32 bitowego. Zapewni to najprostszą konstrukcję (o niskim koszcie), gdyż wystarczy jeden układ scalony zawierający oprócz mikroprocesora także układy peryferyjne, np. w postaci interfejsów komunikacyjnych, współpracy z różnymi rodzajami pamięci, bezpośredniej komunikacji z różnego typu wyświetlaczami, wewnętrzną pamięć RAM [6].

Mają one również dużą wydajność pozwalającą na implementację wielu protokołów komunikacyjnych i dodatkową obróbkę otrzymanych wyników do postaci dopasowanej do zastosowanego układu wizualizacji.

Sedno architektury DRAW-WAW stanowią cechy funkcjonalne modułu SOFT. Po odebraniu wektorów pracy V_{DO} i V_{DB} dokonuje on autokonfiguracji oraz utworzenia wektorów konfiguracji V_{RA} i V_{ST} wysyłanych do modułu HARD, ustalając tym jego architekturę. Wektor rekonfiguracji architektury V_{RA} przekazuje informacje o architekturze wewnętrznej (programuje strukturę logicznych układów reprogramowalnych), zaś wektor stałych V_{ST} zawiera parametry pracy implementowanych struktur obliczeniowych. W zależności od zadanego trybu pracy, blok SOFT dokonuje wyboru stosowanego algorytmu zarówno użytego na potrzeby pomiaru w ramach własnego modułu jak i ustawianego w formie sprzętowej w module HARD. W sytuacji, gdy zadany tryb pracy oraz zastosowany algorytm nie wymagają dynamicznej zmiany, całość pracuje jak klasyczny statyczny analizator. Przykładem może być analiza częstotliwościowa w jednem zadanym przedziale częstotliwości. Niezbędna filtracja czy okienkowanie wykonywane jest sprzętowo w bloku HARD, zaś przetworzone dane w postaci wektora wyników pomocniczych V_{YP}, przekazane do bloku SOFT, gdzie wykonana zostanie FFT. W przypadku, gdy zadana analiza ma być prowadzona z podziałem pasmowym moduł SOFT wyznacza strukturę banku filtrów ustalając ilość wymaganych filtrów i decymacji oraz przesyłając odpowiednie wektory V_{RA} i V_{ST}. Ustalają one również z jakiego punktu przetwarzania będą przesyłane dane w postaci wektora V_{YP} (np. w celu diagnostyki poprawności pracy struktury obliczeniowej) i czy końcowe sygnały zostaną przekazane na bezpośrednie wyjście y_{online} lub powrotnie do modułu SOFT i wyprowadzone na zewnątrz w postaci $y_{offline}$ lub przekazane dalej do wizualizacji za pomocą bloku HOST.

W przypadku trybu pracy dynamicznej dodatkową funkcją modułu SOFT jest śledzenie stanu sygnałów badanych $x(n)$, sygnałów z nimi skojarzonych $x_S(n)$ oraz wyników pośrednich V_{YP}. Polega ono na wyznaczaniu parametrów wymienionych wielkości wejściowych, a następnie wyliczeniu optymalnych współczynników pracy głównych algorytmów zaimplementowanych w strukturach sprzętowych HARD i przekazywanie ich za pomocą wektora V_{ST}. W efekcie takiego działania mamy dynamicznie zmieniany algorytm czasu rzeczywistego. W najbardziej zaawansowanym przypadku moduł SOFT może podjąć decyzje o zmianie lub wymianie całej struktury obliczeniowej zawartej w module HARD. Przykładem mogą być sytuacje gdy badane są sygnały wibroakustycznego zaczną wskazywać na niestabilną pracę i zachodzi konieczność przejścia do analizy w dziedzinie rzędów, czy też przestawienie ilości analizowanych pasm lub zmiana funkcji okienkowania sygnału.

Rozpatrując blok SOFT z punktu widzenia realizacji fizycznej jedynym podzespołem nadającym się do jego konstrukcji są mikroprocesory klasy DSP [10], [1], [3]. Umożliwiają one efektywną implementację algorytmów analizy sygnałów jak i algorytmów decyzyjnych. Ze względu, iż mają one niezmienną budowę wewnętrzną nie jest możliwe dopasowywanie struktury obliczeniowej do wykonywanego algorytmu ale możliwa jest stosunkowo prosta implementacja typowych zadań cyfrowego przetwarzania sygnałów (np. FFT) oraz bardzo złożonych i długich algorytmów. Zmiana sposobu pracy odbywa się drogą wymiany programu. Z jednej strony oznacza to łatwość wymiany funkcji bez konieczności zmian sprzętowych, z drugiej oznacza to jednak, że przy szerokim zestawie wykonywanych przekształceń sygnałów część z nich wykonywana jest ze zmniejszoną efektywnością. Uwzględniając złożoność funkcji wykonywanych w module SOFT należy przyjąć, że może wystąpić konieczność użycia więcej niż jednego mikroprocesora DSP. Ze względu na przyjętą koncepcję funkcjonalną bloku SOFT należy on do kategorii zespołu o stałej architekturze sprzętowej z możliwością dynamicznej zmiany oprogramowania.

Ostatnim elementem składowym analizatora o budowie DRAW-WAW jest moduł HARD. Jego „kształt" jest ustawiany przez moduł SOFT, a zasadniczą funkcją efektywna realizacja algorytmów obliczeniowych czasu rzeczywistego. Efektywność ta oznacza konieczność zmiany architektury procesora obliczeniowego w zależności od zadanego algorytmu. Zgodnie z założeniem architektury DRAW zmiany takie muszą być możliwe do wykonania nawet w trakcie bieżącej pracy. Jedyną możliwość realizacji takiej koncepcji daje w chwili obecnej użycie reprogramowalnych układów logicznych typu FPGA lub CPLD. W analizatorach WAW typowe operacje o krytycznej ścieżce czasowej to filtracja z precyzyjnym podziałem pasmowym za pomocą banku filtrów, operacja splotu, przetwarzanie potokowe, część obliczeń niezbędnych przy analizie w dziedzinie rzędów. Układy programowalne umożliwiają precyzyjne dopasowanie struktury liczącej do ich specyfiki. Możliwe jest bowiem dobranie długości słowa, zmiana ilości ogniw filtracji i decymacji, pomijania niepotrzebnych w danej chwili bloków funkcjonalnych.

Podsumowując można stwierdzić, że zaproponowana architektura DRAW-WAW daje możliwość budowy uniwersalnych i efektywnych kosztowo analizatorów sygnałów wibroakustycznych. Jest koncepcją otwartą pozwalająca na szybkie i daleko idące zmiany funkcjonalności bez potrzeby przeprojektowywania konstrukcji urządzenia. Dzięki możliwości łatwego i szybkiego przestawienia realizowanych algorytmów pozwala na implementację idei „szybkiego prototypu" (ang. rapid prototyping) do sprawdzania i przygotowywania specjalizowanych układów obliczeniowych do zadań cyfrowego przetwarzania sygnałów [14], [136]. Ta idea ma coraz większe znaczenie dla zastosowań techniki obliczeniowych w czasie rzeczywistym[literatura]. Jej podstawą jest jak w przypadku architektury DRAW-WAW, elastyczność reprogramowalnych układów logicznych [135], [35]. Szybkie zmiany w technologii półprzewodnikowej i elektronicznej wymuszają doskonalenie metod projektowania algorytmów pod kątem zwiększenia możliwości szybkiej i elastycznej implementacji sprzętowej [128], [118] uwzględniającej dodatkowo aspekt relacji koszty/wydajność obliczeniowa. Proponowana architektura DRAW-WAW pozwala na wykorzystanie zarówno koncepcji dynamicznej transformacji algorytmów [119], [69], [87], [32] jak i „szybkiego prototypu" [54], [110] ale stwarza konieczność nowego spojrzenia na istniejące już metody projektowania i wdrażania klasycznych rozwiązań z dziedziny cyfrowego przetwarzania sygnałów.

2.4. Spostrzeżenia i wnioski.

Z rozważań przedstawieniowych w rozdz.2 wynika szereg istotnych dla procesu projektowania WAW spostrzeżeń i wniosków przedstawionych poniżej.

1. Zasadniczą funkcją wibroakustycznych analizatorów widma jest analiza spektralna wyznaczająca WGM w czasie bieżącej pracy urządzeń.
2. Najczęściej stosowaną i najdogodniejszą metodą wyznaczania widmowej gęstości mocy przy pracy w czasie rzeczywistym jest filtracja pasmowa.
3. Filtracja pasmowa wykonywana w czasie rzeczywistym oparta jest o banki filtrów. Podział pasma (ilość filtrów w zestawie) może być ustalany w różnorodny sposób, przy czym najczęściej stosowane podziały to oktawowy i *1/b* oktawowy ze zmienną ilością pasm.
4. Konstrukcja WAW jest zdeterminowana strukturą banku filtrów. Najniższa złożoność obliczeniową oferują rozwiązania oparte o struktury drzewiaste z decymacją i CFDP. Jak pokazano, ich złożoność mierzona średnią ilością operacji przypadająca na okres dyskretyzacji nie zależy od ilości pasm.
5. Współcześnie dostępne sprzętowe środki realizacyjne to układy typu ASIC, mikroprocesory DSP i logiczne układy reprogramowalne. W przypadku konstrukcji przeznaczonych do zastosowań przemysłowych ale nie stosowanych na masową skalę (a tak jest w przypadku WAW) oraz do celów badawczych, do praktycznego wykorzystania nadają się procesory DSP i układy klasy FPGA (układy ASIC są zbyt drogie przy nisko wolumenowej produkcji).
6. Decydujące znaczenie dla osiąganego wskaźnika wydajność/koszt ma wzajemne dopasowanie struktur obliczeniowych i budowy wewnętrznej zastosowanych środków realizacyjnych. Mikroprocesory DSP i układy logiczne wymagają stosowania innych algorytmów do wykonania tych samych obliczeń oraz występuje naturalne przystosowanie każdej z klas sprzętu do efektywnej implementacji pewnych klas algorytmów. Poszukiwania modyfikacji znanych i całkowicie nowych struktur obliczeniowych jest stale aktualnym zagadnieniem i umożliwia wykorzystanie nowych możliwości stwarzanych przez producentów półprzewodników.

7. Warunkiem efektywnej implementacji banku filtrów jest uwzględnienie już na etapie ich projektowania specyfiki planowanych do zastosowania środków sprzętowych.
8. Współcześnie dostępne podzespoły elektroniczne pozwalają na wdrożenie nowych koncepcji algorytmów transformowanych dynamicznie (DAT) i procesorów o zmiennej architekturze wewnętrznej. W rozdziale 2 zaprezentowano nową koncepcję DRAW-WAW. Jest ona zgodna z koncepcją „reconfigurable computing architecture" uważaną za bardzo obiecującą drogę praktycznej implementacji zagadnień cyfrowego przetwarzania sygnałów.

3. Cyfrowe filtry projektowane pod kątem implementacji w układach programowalnych i specjalizowanych procesorach

3.1. Metoda i algorytm syntezy cyfrowych filtrów dolnoprzepustowych zbudowanych z identycznych ogniw niskiego rzędu

W przypadku filtrowej analizy widmowej czasu rzeczywistego, prowadzonej przy dużej ilości pasm, (gdy wymagane są nawet setki filtrów) istotne znaczenie dla architektury i wydajności układu obliczeniowego ma liczba równań opisujących filtry pozwalająca na wykonanie analizy w zadanych zakresach częstotliwości. Opracowanie algorytmu syntezy filtrów specjalizowanego do ściśle wyznaczonego celu [44], [130] jest dobrym sposobem na osiągnięcie dużej szybkości pracy przy możliwie niskich nakładach sprzętowych. Korzystną metodą jest wówczas, realizacja w postaci kaskady identycznych ogniw o możliwie niskim rzędzie [84], [85] [129]. Podstawowe zalety to znaczne ograniczenie potrzebnej pamięci współczynników (wystarczy zapamiętać współczynniki jednego ogniwa), pamięci danych (ogniwa niskiego rzędu) oraz jedna procedura (w przypadku użycia mikroprocesora DSP) lub struktura (w przypadku użycia układów typu FPGA) obliczeniowa. Ze względu na stosunkowo ograniczone możliwości modyfikacji struktur filtrów typu pasmowego i polifazowego, rozpatrzona zostanie implementacja oparta o kaskadowe połączenie ogniw dolnoprzepustowych.

Teoretyczny problem zamyka się w opracowaniu sposobu aproksymacji poszukiwanej charakterystyki częstotliwościowej $H(\omega)$ funkcją $[H_p(\omega)]^L$, gdzie L-ilość kaskad, $H_p(\omega)$ - charakterystyka ogniwa podstawowego [84]. Przeanalizowana zostanie metoda syntezy cyfrowych filtrów niskich częstotliwości Buttherwortha i Czebyszewa zbudowanych z identycznych ogniw. Funkcja przenoszenia filtru Buttherwortha *n-tego* rzędu o częstotliwości granicznej ω_{gB} jest równa:

$$H_B(\omega)=[1+(\omega/\omega_{gB})^{2n}]^{-1/2}. \tag{3.1}$$

Dla L kaskadowej struktury wypadkowa charakterystyka przyjmie postać:

$$H(\omega)=[H_B(\omega)]^L=[1+(\omega/\omega_{gB})]^{(-L/2)}. \tag{3.2}$$

Dla częstotliwości granicznej $\omega_{\%g}$ funkcja $H(\omega_g)=1/\sqrt{2}$, zatem

$$\left[1+(\omega_{\%g}/\omega_{gB})^{(2n)}\right]^{(-L/2)}=2^{(-1/2)}. \qquad (3.3)$$

Rozwiązując równanie (3.3) względem $\omega_{\%g}$, otrzymamy

$$\omega_{gB}=\omega_{\%g}/(\sqrt[L]{2}-1)^{(1/2n)}. \qquad (3.4)$$

Funkcja przenoszenia dolnoprzepustowego filtru Buttherwortha jest jednoznacznie określona parametrami n i ω_{gB}. Zatem otrzymane wyrażenie pozwala na ustalenie współczynników bazowego ogniwa w L kaskadowej strukturze, przy zadanych $\omega_{\%g}$, L i n. Analityczne określenie zależności między wymienionymi wielkościami jest bardzo trudne. Do praktycznych zastosowań możliwe jest ustalenie algorytmu rekurencyjnego tak, aby uzyskać możliwie małą liczbę kaskad przy ustalonym rzędzie ogniwa podstawowego. Został on przedstawiony dalej w punkcie 3.1.1

Charakterystyka częstotliwościowa dolnoprzepustowego filtru Czebyszewa z nierówno-miernością charakterystyki w paśmie przepuszczania ϵ i częstotliwością krawędzi pasma przepuszczania ω'_{gCZ} ma postać (wartości ϵ i ω'_{gCZ} są wielkościami wyjściowymi do wyznaczenia współczynników równania filtru):

$$H_{CZ}(\omega)=[1+\epsilon^2 T_n^2(\omega/\omega'_{gCZ})]^{-1/2}, \qquad (3.5)$$

gdzie $T_n(\omega)$ wielomian Czebyszewa pierwszego rzędu stopnia n

$$T_n(\omega)=\begin{cases}\cos(n*arcos(\omega)), & |\omega|\le 1\\ \cosh(n*\mathrm{arcosh}(\omega)), & |\omega|>1\end{cases}. \qquad (3.6)$$

Wielkość oscylacji występująca w paśmie przepuszczania jest równa $\alpha=1/\sqrt{1+\epsilon^2}$, a pulsacja graniczna 3 dB :

$$\omega_{gCZ}=\omega'_{gCZ}\cosh\left(\frac{1}{n}\mathrm{arcosh}\frac{1}{\epsilon}\right). \qquad (3.7)$$

Dla L-kaskadowego filtru Czebyszewa o pulsacji granicznej ω_g spełniona jest zależność:

$$H(\omega_{\%g})=\left[1+\epsilon^2 T_n^2(\omega_{\%g}/\omega'_{gCZ})\right]^{(-L/2)}=\frac{1}{\sqrt{2}}. \qquad (3.8)$$

Skąd wynika:

$$T_n^2(\omega_{\%g}/\omega'_{\%gCZ})=\frac{\sqrt[2]{L}-1}{\epsilon^2}. \qquad (3.9)$$

Uwzględniając (3.7) oraz $\omega_{\%g} > \omega'_{\%gCZ}$ wyznaczana jest wartość :

$$\omega'_{\%gCZ} = \frac{\omega_{\%g}}{\cosh\left[\frac{1}{n}\operatorname{arcosh}\frac{\sqrt{\sqrt[L]{2}-1}}{\epsilon}\right]}. \tag{3.10}$$

Przy syntezie filtrów Czebyszewa z identycznych ogniw konieczna jest stała kontrola wielkości oscylacji w paśmie przepuszczania, która postaje w L-tym stopniu. W filtrach kaskadowych α_K przy L kaskadach wynosi $\alpha_K = \alpha_{CZ}^L$ lub inaczej $\epsilon_{CZ} = \sqrt{(1/\alpha_K^{2/L}) - 1}$. Wyznaczenie wielkości ω'_{gCZ} i ϵ_{CZ} powala na zastosowanie powszechnie znanych metod do syntezy pojedyńczego ogniwa.

W przypadku syntezy filtrów obu typów do zastosowań w WAW najistotniejsze jest uzyskanie możliwie niskiej liczby kaskad. Ważne jest także uzyskanie zadanego tłumienia A_1 w pasmie zaporowym dla częstotliwości ω_1 oraz uwzględnienie dostępnych środków sprzętowych, a w szczególności rozmiaru pamięci. Dwa przedstawione niżej algorytmy syntezy oparte są na stopniowym zwiększaniu ilości ogniw L do chwili gdy wartość $H(\omega_1)$ stanie się mniejsza lub równa zadanej A_1. Wartość rzędu n ustala się na podstawie dostępnej pamięci współczynników. Jeśli c_k - liczba komórek pamięci przeznaczonych na współczynniki jednego CFDP (jednej kaskady), to n wynika z nierówności:

$$\sum_{i=1}^{n/2} c_{ki} < c_k. \tag{3.11}$$

gdzie c_{ki} liczba nietrywialnych współczynników i-tego ogniwa.

3.1.1. Algorytm syntezy cyfrowych filtrów Buttherwortha o identycznych ogniwach

1. Ustalenie danych początkowych: częstotliwości granicznej całej kaskady $\omega_{\%g}$, częstotliwości charakterystycznej ω_1 pasma zaporowego oraz planowanej wartości A_1 charakterystyki częstotliwościowej dla pulsacji ω_1, dostępnego rozmiaru pamięci współczynników c_k.

2. Wyznaczenie z (3.11) rzędu n podstawowego ogniwa.

3. Ustawienie początkowych wartości $L=1$ i $\omega_{gB}=\omega_{\%g}$.

4. Wyznaczenie z (3.1)wartości $H_B(\omega_1)$.

5. Jeśli $H_B(\omega)<\sqrt[L]{A_1}$, to przejście do pkt.8 , w przeciwnym razie do pkt.6.

6. Zwiększenie ilości kaskad $L=L+1$.

7. Wyznaczenie z (3.4) nowej częstotliwości granicznej ω_{gB}, przejście do pkt.4.

8. Wyznaczenie współczynników prototypu analogowego obliczanego ogniwa w oparciu o otrzymane wartości ω_{gB} i n oraz literaturę [122], [123], [53].

9. Wyznaczenie współczynników funkcji przenoszenia $H_{cB}(z)$ ogniwa cyfrowego filtru za pomocą biliniowego przekształcenia $\mathbb{Z}$.

10. Wyznaczenie funkcji przenoszenia cyfrowego filtru kaskadowego zbudowanego z L ogniw $H_c(z)=[H_{cB}(z)]^L$.

3.1.2. Algorytm syntezy cyfrowych filtrów Czebyszewa o identycznych ogniwach

1. Ustalenie danych początkowych: częstotliwości granicznej $\omega_{\%g}$, częstotliwości charakterystycznej ω_1 pasma zaporowego, wartości A_1 charakterystyki częstotliwościowej dla częstotliwości ω_1, dostępnego rozmiaru pamięci współczynników c_k, dopuszczalnej nierównomierności w paśmie przepuszczania kaskady α_K.

2. Wyznaczenie z (3.11)rzędu n podstawowego ogniwa.

3. Ustawienie początkowych wartości $L=1$ i $\omega_{gCZ}=\omega_{\%g}$.

4. Obliczenie na podstawie (3.7) częstotliwości granicznej ω'_{gCZ}.

5. Obliczenie współczynnika oscylacji w paśmie przepuszczania analizowanego ogniwa

$$\epsilon_{CZ}=\sqrt{\frac{1}{\alpha_K^{2/L}}-1}. \qquad (3.12)$$

6. Wyznaczenie z (3.5)wartości $H_{CZ}(\omega_1)$.

7. Jeśli $H_{CZ}(\omega_1)<\sqrt[L]{A_1}$, to przejście do pkt.10 , w przeciwnym razie do pkt.8.

8. Zwiększenie ilości kaskad $L = L+1$.

9. Wyznaczenie z (3.10) nowej częstotliwości granicznej i przejście do pkt.5.

10. Wyznaczenie współczynników obliczanego ogniwa w oparciu o obliczone n i ϵ_{CZ} oraz ω'_{gCZ} i literaturę [122], [123], [53].

11. Wyznaczenie współczynników funkcji przenoszenia podstawowego ogniwa CFDP $H_{cCZ}(z)$ za pomocą biliniowego przekształcenia $\mathbb{Z}$.

12. Wyznaczenie funkcji przenoszenia cyfrowego filtru kaskadowego zbudowanego z L ogniw $H_c(z) = [H_{cCZ}(z)]^L$.

Z analizy wyników [76] wynika możliwość zmniejszenia ilości różnych wartości współczynników w filtrach wysokiego rzędu 3 do 6 razy. Rozpatrywana metoda kaskadowej realizacji filtrów daje najniższą liczbę niezbędnych kaskad, zapewniającą realizację założonej charakterystyki amplitudowo-częstotliwościowej. Stosowanie takiego podejścia jest też celowe, gdy wymagania co do stromości udaje się spełnić funkcją przenoszenia niskiego rzędu, np. drugiego a wymagana jest duża dobroć d_K. Jeśli zadanie ma ograniczenia co do rozmiaru słowa współczynników to należy ocenić maksymalną dobroć $\tilde{d}$ ogniwa podstawowego, którą można uzyskać przy ograniczonym rozmiarze słowa. W takiej sytuacji przy zadanej dobroci d_K i obliczonej $\tilde{d}$ ilość kaskad wyznaczona zostanie za pomocą równania:

$$L = \%int\left[1/\log_2\left(1+\tilde{d}^2/d_K^2\right)\right]. \qquad (3.13)$$

Należy zaznaczyć, że precyzyjne analityczne wyznaczenie $\tilde{d}$ jest dość złożone. Oprócz zapewnienia stabilności, wartość zależy od zadanych dopuszczalnych błędów kwantowania współczynników, stosunku sygnał/szum, zakresu dynamiki. Różne szacunki są pokazane w [85], [50]. Wartość średnią dobroci $\tilde{d}$ można ustalić poprzez modelowanie komputerowe. Dla wielu zastosowań, mogą być przyjęte wartości $\tilde{d}$ = *10-30* przy *r=8*, $\tilde{d}$ =*50-100* przy *r=12*, $\tilde{d}$ =*200-400* przy *r=16*, gdzie *r* – rozdzielczość słowa współczynników.

3.2. Metoda wyznaczania cyfrowych filtrów dolnoprzepustowych o stromej charakterystyce amplitudowo-częstotliwościowej przeznaczonych do pracy w czasie rzeczywistym

Przy syntezie cyfrowych filtrów do zastosowań w wibroakustycznych analizatorach widma pracujących w czasie rzeczywistym ważnym jest takie zaprojektowanie banku [137] filtrów, aby można było je zrealizować przy jak najmniejszych mocach obliczeniowych i małym nakładem podzespołów. Jednym ze sposobów zmniejszenia złożoności algorytmu i rozszerzenia pasma analizowanych sygnałów może być obniżenie rzędu stosowanych CFDP [76] przy zachowaniu wymogów względem ich charakterystyk częstotliwościowych. Poniżej pokazano metodę syntezy CFDP o zmniejszonym rzędzie i zachowanej charakterystyce amplitudowo-częstotliwościowej.

Metoda obliczenia CFDP, mających znaczenie większe nachylenie charakterystyki amplitudowo-częstotliwościowej niż analogowe aproksymacje, została oparta na nieliniowości bilinearnego przekształcenia $\mathbb{Z}$. Nieliniowość ta doprowadza do sprzężenia częstotliwościowych charakterystyk w pobliżu częstotliwości Nyquista. Zwykle za cel syntezy filtrów cyfrowych stawia się uzyskanie aproksymacji analogowego filtru (Buttherwortha lub Czebyszewa) [17], [107] z założonym zniekształceniem. Aby to uzyskać wybierana jest częstotliwość dyskretyzacji 4 (i więcej) razy przekraczająca charakterystyczne częstotliwości banku cyfrowych filtrów. Możliwości rozszerzenia roboczych częstotliwości analizatora widma kosztem przybliżenia do $\omega_s/2$ nie są rozpatrywane z powodu występujących błędów i zniekształceń charakterystyki amplitudowo-częstotliwościowej. Jednak zniekształcenie to można efektywnie wykorzystać do zwiększenia nachylenia, a błędy nakładania się pasm minimalizować racjonalnym wyborem wejściowego antyaliasingowego filtru dolnoprzepustowego.

Poniżej zaproponowana zostanie procedurę syntezy filtrów Buttherwortha. Ich funkcję przenoszenia można przedstawić w postaci superpozycji ogniw pierwszego i drugiego rzędu:

$$H_1(p)=\frac{C\Omega_g}{p+C\Omega_g},\quad H_2(p)=\frac{C\Omega_g^2}{p+B\Omega_g p+C\Omega_g^2},\tag{3.14}$$

gdzie $B=2\sin[\pi(2k-1)/2n]$, $k=\overline{1-n}$, $C=1$, zaś Ω -pulsacja analogowa. Zakładając częstot-liwość graniczną $\Omega_g=1$ otrzymujemy:

$$H_1(p)=1/(p+1), \qquad H_2(p)=1/(p+Bp+1). \tag{3.15}$$

Zastosujmy do (3.14) uogólnione bilinearne przekształcenie $\mathbb{Z}$:

$$p=\gamma\frac{1-z^{-1}}{1+z^{-1}}=(\mathrm{ctg}\frac{\omega_{\%g}\Delta t}{2})\frac{1-z^{-1}}{1+z^{-1}}. \tag{3.16}$$

Analogiczne ogniwa CFDP mają postać:

$$H_1(z)=a'_0\frac{1+z^{-1}}{1+b'_1z^{-1}}, \tag{3.17}$$

$$H_2(z)=a_0\frac{1+2z^{-1}+z^{-2}}{1+b_1z^{-1}+b_2z^{-2}}. \tag{3.18}$$

Ich współczynniki wynoszą:

$$a'_0=1/(1+\gamma), \qquad b'_1=(1-\gamma)/(1+\gamma), \tag{3.19}$$

$$a_0=\frac{1}{1+B\gamma+\gamma^2}, \quad b_1=\frac{1-\gamma^2}{1+B\gamma+\gamma^2}, \quad b_2=\frac{1-B\gamma+\gamma^2}{1+B\gamma+\gamma^2}. \tag{3.20}$$

Amplitudowo-częstotliwościowa charakterystyka analogowego filtru Buttherwotha rzędu n_a określana jest równaniem :

$$A_a(\Omega)=|H(\Omega)|=[1+(\Omega/\Omega_{\%g})^{2n_a}]^{-1/2}. \tag{3.21}$$

Zgodnie z przekształceniem $\mathbb{Z}$ zależność między analogowa pulsacją Ω a cyfrową pulsacją ω ma postać:

$$\Omega=\gamma\,\mathrm{tg}(\frac{\omega\Delta t}{2})=\mathrm{ctg}(\frac{\omega_{\%g}\Delta t}{2})\,\mathrm{tg}(\frac{\omega\Delta t}{2}). \tag{3.22}$$

Skąd wynika, iż:

$$A_{\%D}(\omega)=|H(e^{j\omega\Delta\%t})|=\left[1+\left(\mathrm{tg}\frac{\omega\Delta\%t}{2}/\mathrm{tg}\frac{\omega_{\%g}\Delta\%t}{2}\right)\right]^{-1/2}. \tag{3.23}$$

Różnica między funkcjami (3.23) i (3.21) polega na zmianie liniowego argumentu $\Omega/\Omega_{\%g}$ nieliniowym $\mathrm{tg}\frac{\omega\Delta\%t}{2}/\mathrm{tg}\frac{\omega_{\%g}\Delta\%t}{2}$. Ponieważ funkcja $y=tg(x)$ w przedziale $[\pi/2,\pi]$ rośnie znacznie szybciej niż liniowa, więc nachylenie funkcji (3.23) jest większe niż (3.21).

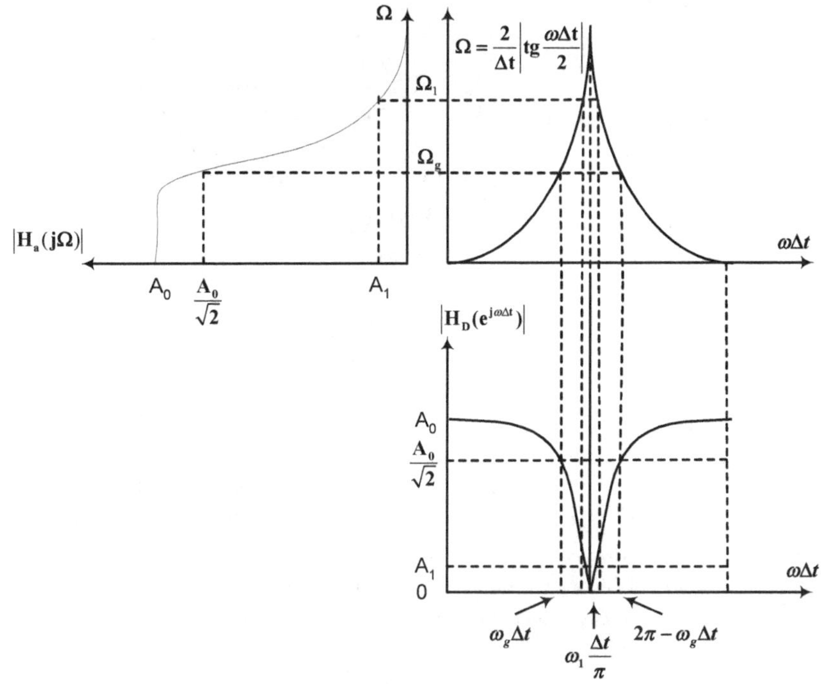

Rys. 3.1 Ilustracja efektu zwężenia pasma przejściowego w wyniku nieliniowości przekształcenia $\mathbb{Z}$

Strefa przejściowa między pasmem przepustowym a pasmem zaporowym $[\omega_{\%g}, \omega_1]$ jest silnie zwężona w porównaniu z prototypowym analogowym filtrem dolnoprzepustowym (AFDP). W przedziale, gdy $\omega_{\%g} \rightarrow \omega_N$ szerokość strefy przejściowej dąży do zera, a charakterystyka amplitudowo-częstotliwościowa przybiera formę zbliżoną do prostokątnej w obszarze $[0, \pi/\Delta \%t]$ (rys. 3.1).

Zmieniając stosunek pomiędzy częstotliwością dyskretyzacji i częstotliwością graniczną $\omega_s/\omega_{\%g}$ można uzyskać filtry cyfrowe ze znacznie „ostrzejszą" charakterystyką amplitudowo-częstotliwościową niż w analogowym prototypie. Na rys. 3.2 pokazane charakterystyki CFDP drugiego rzędu przy $\omega_s/\omega_{\%g}$ równym 4; 3; 2,7; 2,5; 2,2 (krzywe 2-6), a także charakterystykę amplitudowo-częstotliwościową prototypowego AFDP 2-go rzędu (krzywa 1) i charakterystykę AFDP 12-go rzędu (krzywa 7). Dla wszystkich filtrów $\omega_{\%g}=const$. Współczynniki CFDP przedstawiono w tab.3.1.

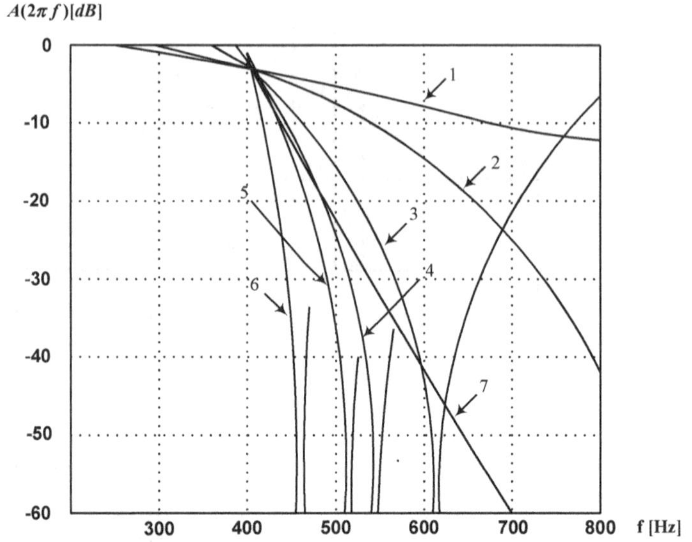

Rys. 3.2 Charakterystyki filtrów o częstotliwości granicznej 400Hz: analogowego Butterwortha 2-go rzędu (1), cyfrowych filtrów Butterwortha 2-go rzędu o częstotliwości próbkowania f_s 1600Hz, 1200Hz, 1080Hz, 1000Hz i 880Hz (2-6) i analogowego Butterwortha 12-go rzędu

Jak wynika z rys.3.2 główne pasmo przepustowe takich CFDP wyraźnie zbliża się do swego lustrzanego odpowiednika, co może doprowadzić do błędów nałożenia pasm. W takim przypadku efekt ten jest wynikiem przenoszenia odcinków widma dyskretyzowanego sygnału, położonych wyżej ω_N, do głównego pasma przepustowego CFDP $[0, \omega_{\%g}]$.

ω_S/ω_g	a_0	b_1	b_2
4,0	0,292893	0	0,171573
3,0	0,465163	0,620204	0,240408
2,7	0,556761	0,633195	0,364744
2,5	0,638946	1,142981	0,412802
2,2	0,816990	1,600202	0,667758

Tabela 3.1 *Współczynniki ogniw drugiego rzędu CFDP Buttherwortha*

Aby zmniejszyć takie błędy stosuje się uprzednią filtrację przy pomocy analogowego filtru. Na wejściu analizatora widma [52], [81], [62] AFDP tłumi wysokoczęstotliwościowe składowe sygnału kosztem obniżenia częstotliwości granicznej $\omega_{\%ga}$ i ostrzejszej charakterystyki w paśmie przejściowym. Zwykle, gdy górna częstotliwość robocza ω_R analizatora jest mniejsza 4 i więcej razy od ω_s to częstotliwość graniczną AFDP ustala się $\omega_{\%ga}=(1{,}2-1{,}6)\omega_{\%gDMAX}$ (ω_{gDMAX} najwyższa z częstotliwości granicznych filtrów użytych w analizatorze) z nachyleniem spadku charakterystyki amplitudowo-częstotliwościowej 18-72 dB/oktawę [52].

3.3. Ocena błędów i korzyści wnoszonych przez cyfrowe aproksymacje analogowych filtrów Butterwortha i Czebyszewa

W pracy [71] uzyskano wyrażenia na zniekształcenia amplitudowego i energetycznego widma sygnałów, których obwiednia jest ukształtowana dzięki dolnoprzepustowemu filtrowi Buttherwortha lub Czebyszewa. Dla filtrów Buttherwortha $E_1(\omega), E_2(\omega)$ i Czebyszewa $E_3(\omega), E_4(\omega)$ n-go rzędu błędy przesunięcia amplitudowego i energetycznego widma są wyznaczane za pomocą poniższych równań (3.24) i (3.25):

$$
\begin{aligned}
E_1(\omega) &\leqslant \left[1+\left(\frac{2\omega_N+\omega}{\omega_{\%ga}}\right)^{2n}\right]^{-1/2} + \left[1+\left(\frac{2\omega_N-\omega}{\omega_{\%ga}}\right)^{2n}\right]^{-1/2} + \\
&+\frac{\omega_{\%ga}^{n}}{2(n-1)\omega_N}\left[(3\omega_N+\omega)^{1-n}+(3\omega_N-\omega)^{1-n}\right], \\
E_2(\omega) &\leqslant \left[1+\left(\frac{2\omega_N+\omega}{\omega_{\%ga}}\right)^{2n}\right]^{-1/2} + \left[1+\left(\frac{2\omega_N-\omega}{\omega_{\%ga}}\right)^{2n}\right]^{-1/2} + \\
&+\frac{\omega_{\%ga}^{n}}{2(2n-1)\omega_N}\left[(3\omega_N+\omega)^{1-2n}+(3\omega_N-\omega)^{1-2n}\right],
\end{aligned}
\qquad (3.24)
$$

$$
\begin{aligned}
E_3(\omega) &\leqslant \left[1+\epsilon^2\cosh^2 n\,\mathrm{arcosh}\frac{2\omega_N+\omega}{\omega_{\%ga}}\right]^{-1/2} + \left[1+\epsilon^2\cosh^2 n\,\mathrm{arcosh}\frac{2\omega_N-\omega}{\omega_{\%ga}}\right]^{-1/2} + \\
&+\frac{\omega_{\%ga}^{n}}{2(n-1)\omega_N}\left[(3\omega_N+\omega)^{1-n}+(3\omega_N-\omega)^{1-n}\right], \\
E_4(\omega) &\leqslant \left[1+\epsilon^2\cosh^2 n\,\mathrm{arcosh}\frac{2\omega_N+\omega}{\omega_{\%ga}}\right]^{-1/2} + \left[1+\epsilon^2\cosh^2 n\,\mathrm{arcosh}\frac{2\omega_N-\omega}{\omega_{\%ga}}\right]^{-1/2} + \\
&+\frac{\omega_{\%ga}^{2n}2^{1-2n}}{(2n-1)\epsilon^2\omega_N}\left[(3\omega_N+\omega)^{1-2n}+(3\omega_N-\omega)^{1-2n}\right]
\end{aligned}
\qquad (3.25)
$$

Można zauważyć, że wielkość $E(\omega)$ rośnie ze zwiększeniem ω, więc błąd maksymalny występuje dla najwyższej częstotliwości $E_m = E(\omega_{\%gDMAX})$. Niech $\omega_s / \omega_{gD} = k$. Częstotliwość graniczną AFDP można przyjąć jako $\omega_{ga} = (\omega_N + \omega_{gD})/2 = (0{,}5 + 0{,}25\,k)\,\omega_{gD}$. Wtedy wykonując przekształcenia nad (3.24) i (3.25) otrzymujemy:

$$
\begin{aligned}
E_{1m} &= \left[1+\left(\frac{4k+4}{k+2}\right)^{2n}\right]^{-\frac{1}{2}} + \left[1+\left(\frac{4k-4}{k+2}\right)^{2n}\right]^{-\frac{1}{2}} + \\
&+ \frac{(k+2)^n}{2^{n+1}(n-1)k}\left[\frac{1}{(3k+2)^{n-1}} + \frac{1}{(3k-2)^{n-1}}\right], \\
E_{2m} &= \left[1+\left(\frac{4k+4}{k+2}\right)^{2n}\right]^{-1} + \left[1+\left(\frac{4k-4}{k+2}\right)^{2n}\right]^{-1} + \\
&+ \frac{(k+2)^{2n}}{2^{2n+1}(2n-1)k}\left[\frac{1}{(3k+2)^{2n-1}} + \frac{1}{(3k-2)^{2n-1}}\right], \\
E_{3m} &= \left[1+\varepsilon^2\cosh^2 n\,\mathrm{arcosh}\frac{4k+4}{k+2}\right]^{-\frac{1}{2}} + \left[1+\varepsilon^2\cosh^2 n\,\mathrm{arcosh}\frac{4k-4}{k+2}\right]^{-\frac{1}{2}} + \\
&+ \frac{(k+2)^n}{2^{2n}(n-1)\varepsilon k}\left[\frac{1}{(3k+2)^{2n-1}} + \frac{1}{(3k-2)^{2n-1}}\right], \\
E_{4m} &= \left[1+\varepsilon^2\cosh^2 n\,\mathrm{arcosh}\frac{4k+4}{k+2}\right]^{-1} + \left[1+\varepsilon^2\cosh^2 n\,\mathrm{arcosh}\frac{4k-4}{k+2}\right]^{-1} + \\
&+ \frac{(k+2)^{2n}}{2^{4n+1}\varepsilon^2(2n-1)k}\left[\frac{1}{(3k+2)^{2n-1}} + \frac{1}{(3k-2)^{2n-1}}\right].
\end{aligned}
\qquad (3.26)
$$

Z równań (3.26) wynika, iż maksymalny błąd analizy jest funkcją rzędu AFDP i proporcji między częstotliwością graniczną CFDP a częstotliwością dyskretyzacji. Ilustrację tych zależności pokazano na rys 3.3. Jak wynika z rysunku 3.3 AFDP Buttherwortha 12-rzędu, przy k=2,2...3, osiąga dokładność analizy co do jednego procenta.

Z punktu widzenia realizacji pracy filtrów w czasie rzeczywistym najistotniejsze jest zapotrzebowanie na moc obliczeniową niezbędną do wykonania obliczeń w zadanym czasie wynikającym z zastosowanej częstotliwości próbkowania. Zachodzi tu oczywista relacja, im niższy rząd filtru tym mniejsze wymagane moce obliczeniowe. Do oceny rezultatu syntezy CFDP użyto porównania ich rzędu z rzędem prototypowego AFDP o tej samej częstotliwości granicznej ω_g, dających w paśmie zaporowym dla pulsacji zaporowej ω_1 takie same wartości tłumienia A_l. Rząd

CFDP Buttherwortha zgodnie z (3.23) wyraża się:

$$n_{\%D} = \ln(1/A_1^2 - 1) / \left[2\ln\left(\mathrm{tg}\frac{\omega_1 \cdot \Delta\%t}{2} \mathrm{ctg}\frac{\omega_C \cdot \Delta\%t}{2} \right) \right], \quad (3.27)$$

gdzie A_1 to tłumienie charakterystyki amplitudowo-częstotliwościowej w paśmie zaporowym $\omega > \omega_1$. Jako ocenę rezultatu syntezy CFDP użyjemy zestawienia ich rzędu z rzędem prototypowego AFDP o tej samej częstotliwości granicznej, dających w paśmie zaporowym takie same wartości charakterystyki amplitudowo-częstotliwościowej. Z równania (3.21) i (3.23) wynika

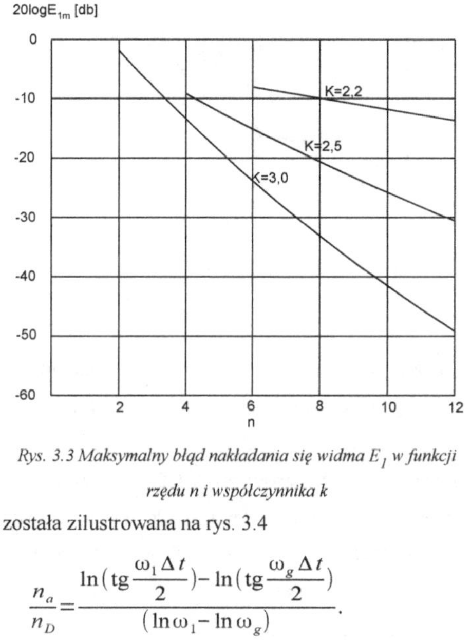

Rys. 3.3 Maksymalny błąd nakładania się widma E_1 w funkcji rzędu n i współczynnika k

zależność (3.28), która została zilustrowana na rys. 3.4

$$\frac{n_a}{n_D} = \frac{\ln(\mathrm{tg}\frac{\omega_1 \Delta t}{2}) - \ln(\mathrm{tg}\frac{\omega_g \Delta t}{2})}{(\ln\omega_1 - \ln\omega_g)}. \quad (3.28)$$

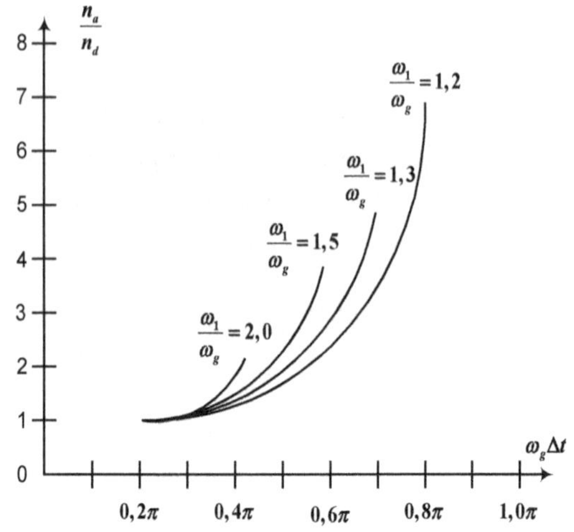

Rys. 3.4 Relacja między rzędem filtru analogowego i cyfrowego o ekwiwalentnych nachyleniach charakterystyk częstotliwościowych w funkcji częstotliwości granicznej

Jak widać z rysunku 3.4, zysk w postaci niższego rzędu filtru cyfrowego (a zatem i w potrzebnej do jego realizacji mocy obliczeniowej) zależy od proporcji między częstotliwością próbkowania, graniczną i zaporową.

Obliczeniowy aspekt realizacji rozpatrzonych CFDP związany ze sposobem przedstawienia współczynników w arytmetyce stałoprzecinkowej [31] (dotyczy to zarówno mikroprocesorów DSP i układów FPGA). Analiza równań (3.17)-(3.20) pokazuje, iż w ogniwach drugiego rzędu (3.18) współczynniki licznika i mianownika są $a_0 < 2$, $|b_1| < 2$ podczas, gdy pozostałe są ułamkami właściwymi. Aby wykluczyć przepełnienie dla części całkowitej, w rejestrach można przechowywać wartość równą połowie współczynników i podczas mnożenia korygować wynik przesunięciem o jedną pozycję w lewo. Wymaga to jednak wykonania dodatkowych operacji co powoduje, że tracimy uzyskany poprzednio zysk. Ten problem można usunąć drogą doboru proporcji ω_S / ω_g i rzędu filtru tak aby wartości współczynników a_0 i b_1 miały wartość bezwzględną mniejszą od *1*. Aby ustalić odpowiednie zależności wychodząc z równań (3.17)-(3.20) można zapisać:

$$\frac{\pi}{\arctan \frac{2}{\sqrt{B^2+4}-B}} \leqslant \frac{\omega_S}{\omega_g} \leqslant \frac{\pi}{\arctan \frac{2}{\sqrt{B^2+12}+B}}. \tag{3.29}$$

Wynikające z nierówności (3.29) zależności pokazano na rys. 3.5.

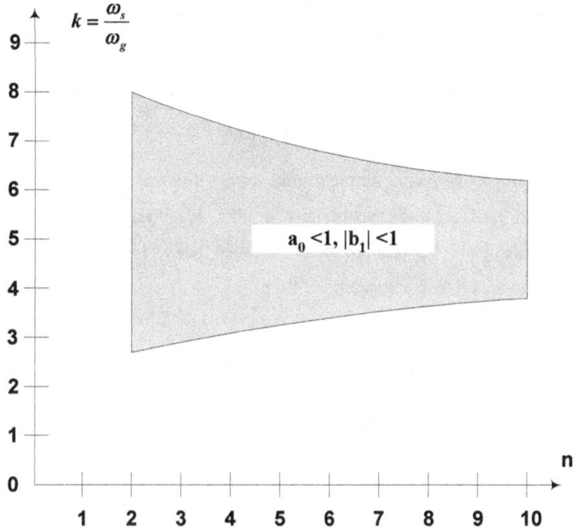

Rys. 3.5 Zależność proporcji częstotliwości granicznej i dyskretyzacji od rzędu filtru przy współczynnikach a_0 i b_1 mniejszych od |1|

W sytuacji, gdy współczynniki równania filtru Buttherwortha czy Czebyszewa mają wartość bezwzględną mniejszą od jedności, pojawia się druga możliwość obniżenia wymaganego rzędu filtru drogą zawężenie pasma przejściowego. Jest to równoważne pracy z niższą częstotliwością próbkowania. Niech n_{D1}-rząd CFDP o częstotliwości granicznej ω_{gD}, tłumieniu A_1 przy częstotliwości ω_1, zaprojektowany do pracy z częstotliwością próbkowania $\omega_{S1}=2\pi/\Delta t_1$, zaś n_{D2} rząd CFDP o takich samych ω_{gD}, A_1, ω_1 i częstotliwości próbkowania $\omega_{S2}=\omega_{S1}/a$, to zależność rzędów tych filtrów opisuje wzór:

$$n_{D1}/n_{D2}=\left(\ln \mathrm{tg}\frac{\omega_1 \Delta t_2}{2}-\ln \mathrm{tg}\frac{\omega_{gD} \Delta t_2}{2}\right)/\left(\ln \mathrm{tg}\frac{\omega_1 \Delta t_1}{2}-\ln \mathrm{tg}\frac{\omega_{gD} \Delta t_1}{2}\right). \qquad (3.30)$$

Można przyjąć, że ilość operacji potrzebna do realizacji filtru jest proporcjonalna do jego rzędu $O_{op}(n)\sim n$. Niech V oznacza wydajność obliczeniową rozumianą jako ilość operacji w jednostce czasu $V=O_{op}/\Delta t$. Wówczas dla dwóch CFDP otrzymamy:

$$\frac{V_1}{V_2}=\frac{\ln tg\frac{\omega_1\cdot\Delta t_2}{2}-\ln tg\frac{\omega_{gD}\cdot\Delta t_2}{2}}{\ln tg\frac{\omega_1\cdot\Delta t_1}{2}-\ln tg\frac{\omega_{gD}\cdot\Delta t_1}{2}}\frac{\Delta t_2}{\Delta t_1}=a\frac{\ln tg\frac{a\cdot\omega_1\cdot\Delta t_2}{2}-\ln tg\frac{a\cdot\omega_{gD}\cdot\Delta t_2}{2}}{\ln tg\frac{\omega_1\cdot\Delta t_1}{2}-\ln tg\frac{\omega_{gDC}\cdot\Delta t_1}{2}}. \qquad (3.31)$$

Jeśli założymy, że $\omega_1=b\,\omega_{gD}$ to można w pierwszym przybliżeniu zapisać:

$$V_1/V_2=a(1+\ln a/\ln b). \qquad (3.32)$$

Z wzoru (3.32) wynika, że przy zmniejszeniu częstotliwości dyskretyzacji a razy, niezbędna wydajność procesora zmniejsza się więcej niż a razy. Idąc dalej, drogą zwiększenia złożoności antyaliasingowego filtru wejściowego, można znacząco poszerzyć zakres częstotliwości sygnałów wejściowych analizowanych w czasie rzeczywistym.

3.4. Algorytm syntezy układu cyfrowej filtracji oparty na kryterium minimalnych nakładów mocy obliczeniowej na ich realizację

Z przeprowadzonych wyżej rozważań można zdefiniować algorytm syntezy układu cyfrowej filtracji, opartej na kryterium minimalnych nakładów mocy obliczeniowej na realizację CFDP.

1. Ustalenie danych początkowych: częstotliwość graniczna CFDP ω_{gD}, tłumienie w paśmie zaporowym A_1 *dla* $\omega\geq\omega_1$ maksymalny dopuszczalny błąd nałożenia się pasm E_m, współczynnik nierównomierności charakterystyki amplitudowo-częstotliwościowej w paśmie przepustowym ε (tylko gdy zakładane użycie filtrów Czebyszewa).
2. Na podstawie rys. 3.5 (dolna granica zakreskowanej powierzchni) określane są najmniejsze możliwe wartości n i k przy, których wszystkie współczynniki nie przekraczają 1.
3. Wyznaczenie okresu dyskretyzacji $\Delta t=2\pi/(k\,\omega_{gD})$.
4. Po podstawieniu $n, \Delta t, \omega_{gD}, \omega_1$ do (3.23) sprawdzana jest nierówność $A_D(\omega_1)\leq A_1$. Jeżeli nierówność ta zostanie spełniona to przejście do pkt.6, jeśli jest inaczej do pkt.5.
5. Określa się kolejną wartość rzędu $n=n+1$ odpowiadającą wartości k (wg rys. 3.5), następuje powrót do pkt.3.
6. Z [17], [53], [122] określa się funkcję przenoszenia AFDP Buttherwortha w postaci iloczynu ogniw pierwszego i drugiego rzędu (3.17, 3.18).
7. Wyliczane są współczynniki ogniw wg. równań (3.19) i (3.20).
8. Z rys. 3.4 wyznacza się rząd analogowego filtru Buttherwortha, którego współczynniki wyznaczane są z [53], [122] (na podstawie danych n_a i $\omega_{ga}=(0.5+k/4)\,\omega_{cD}$).

Jak przedstawiono wyżej obniżenie nakładów obliczeniowych drogą zamiany filtru niskich częstotliwości wysokiego rzędu na filtry niższego rzędu o podobnej amplitudowo-częstotliwościowej charakterystyce, prowadzi do zwiększenia złożoności wejściowego, analogowego filtru. Dlatego efektywność danej metody uwidacznia się szczególnie przy budowie nie pojedynczego filtru lecz banku cyfrowych filtrów pracujących w czasie rzeczywistym. W tym przypadku nakłady poniesione na filtr analogowy wielokrotnie kompensują się dzięki zwiększeniu zakresu przetwarzanych częstotliwości i całkowitej wydajności.

3.5. Wyniki i wnioski

1. Uwzględnienie specyfiki sprzętowych środków realizacyjnych takich jak mikroprocesory DSP i układy typu FPGA wskazuje, że korzystną formą implementacji banku cyfrowych filtrów czasu rzeczywistego jest postać kaskadowego połączenia identycznych ogniw. Ze względu na szybkość działania istotne jest użycie ogniw o jak najniższym rzędzie i jak najmniejszej liczbie kaskad.
2. Analityczne wyznaczenie liczby kaskad i rzędu pojedyńczego ogniwa dla filtrów Czebyszewa i Buttherwortha jest zadaniem trudnym i nie nadającym sie do praktycznego zastosowania.
3. Opracowano iteracyjny algorytm syntezy filtru Buttherwortha w postaci kaskady identycznych ogniw. Rząd pojedyńczego ogniwa jest ustalany na podstawie rozmiaru pamięci przeznaczonej na współczynniki. Algorytm pracuje w ten sposób, że uzyskiwana jest minimalna liczba ogniw tworząca filtr o zadanej ω_g, tłumieniu $A1$ przy pulsacji ω_1.
4. Opracowano iteracyjny algorytm syntezy filtru Czebyszewa w postaci kaskady identycznych ogniw. Rząd pojedyńczego ogniwa jest ustalany na podstawie rozmiaru pamięci przeznaczonej na współczynniki. Algorytm pracuje w ten sposób, że uzyskiwana jest minimalna liczba ogniw tworząca filtr o zadanej ω_g, tłumieniu $A1$ przy pulsacji ω_1, dopuszczalnej nierównomierności w paśmie przepuszczania α.

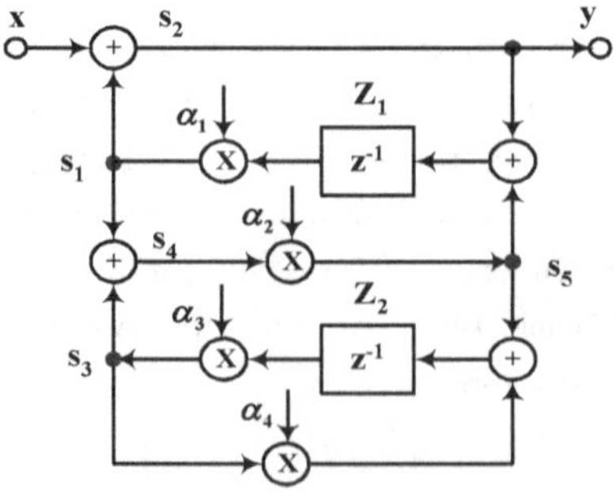

Rys. 3.6 Wynikowa struktura ogniwa drugiego rzędu

5. Zastosowanie filtrów zaprojektowanych zgodnie z opracowanymi algorytmami pozwala zmniejszyć ilość współczynników od 3 do 6 razy w porównaniu z realizacjami innymi niż zastosowane kaskadowe połączenie identycznych ogniw.
6. Przedstawiona koncepcja syntezy CFDP Buttherwortha i Czebyszewa jest specjalizowana do zastosowania przy wdrażaniu banku filtrów czasu rzeczywistego. Metoda wykorzystuje nieliniowość bilinearnego przekształcenia $\mathbb{Z}$ oraz fakt, iż na kolejnych etapach przetwarzania praca odbywa się przy niższej częstotliwości próbkowania i prowadzi do otrzymania filtru niższego rzędu realizującego zadaną charakterystykę amplitudową z zadowalającą dokładnością.
7. Wykonano analizę błędów i korzyści wynikających z zastosowania opracowanej koncepcji syntezy. Z przeprowadzonych rozważań wynika iż możliwe jest osiągnięcie wystarczającej dokładności przy zmniejszeniu „zapotrzebowania" na moc obliczeniową w większym stopniu niż wynika to ze zmniejszenia ω_S.
8. Opracowano iteracyjne algorytmy wyznaczania pojedyńczego ogniwa filtru Buttherwortha i Czebyszewa oparte na koncepcji syntezy filtrów CFDP o obniżonym rzędzie kosztem rozbudowy wejściowego analogowego filtru antyaliasingowego.
9. Zaproponowane algorytmy, ze względu na swoją prostą konstrukcję dobrze nadają się do wykorzystania w fukcjonalnym module SOFT wibroakustycznego analizatora widma o architekturze DRAW-WAW.

10.Opracowane metody pozwalają na syntezę filtrów dopasowanych do implementacji w układach FPGA mogących być podstawą rekonfigurowalnego na poziomie sprzętowym modułu HARD struktury DRAW-WAW.

4. Synteza struktur obliczeniowych cyfrowych filtrów

4.1. Metoda generowania ekwiwalentnych struktur filtrów drugiego rzędu

4.1.1. Wprowadzenie

Tworzenie cyfrowych filtrów przeznaczonych do praktycznych zastosowań obejmuje oprócz syntezy filtru [133], [111] (ustalenie opisu matematycznego wraz z wyznaczeniem współczynników równań) projekt jego struktury [97], [122], [120] (ustalenie kolejności operacji i przepływu danych w trakcie obliczeń). Kształt struktury [17], [73], [99] ma zasadnicze znaczenie dla czasu wykonania (szczególnie istotne przy pracy w czasie rzeczywistym) oraz błędów zaokrągleń i przepełnień.

Jak pokazano wcześniej w tej pracy często stosowaną i efektywną metodą budowy cyfrowych filtrów dostosowaną do implementacji w układach typu FPGA [51], [116] i procesorach DSP [115] jest łączenie kaskadowo ogniw niskiego rzędu. Często takim podstawowym ogniwem jest element drugiego rzędu. W takim rozwiązaniu sednem optymalizacji pod względem wydajności jest właściwy wybór struktury obliczeniowej jądra filtru – struktury ogniwa drugiego rzędu. Znanych jest wiele podstawowych (klasycznych) schematów budowy i ich modyfikacji [88], [125], [64]. Jednak ten zbiór struktur nie wyczerpuje wszystkich wariantów i możliwe jest utworzenie nowej być może wydajniejszej struktury. Poniżej zaproponowano metodę przekształcania początkowej [88] wzorcowej struktury w inne, równoważne pod względem charakterystyk przejściowych. Wykorzystuje ona liniową transformację wybranej struktury pierwotnej.

Punktem wyjścia jest opis filtru w postaci równań przestrzeni stanu [60], [19], [104], [100]:

$$\begin{cases} q(k+1)=Aq(k)+Bx(k) \\ y(k)=C^T q(k)+Dx(k), \end{cases} \tag{4.1}$$

gdzie rozmiary tablic ***A***, ***B***, ***C***, ***D*** są odpowiednio *NxN* ,*Nx1*, *Nx1*, 1x1, *N* ilość zmiennych stanu, *q(k)* wektor stanu, *x(k)* zmienna wejściowa, *y(k)* zmienna wyjściowa. Przy tak określonych równaniach funkcja przenoszenia jest opisana wzorem:

$$H(z)=C(zI-A)^{-1}B+D.$$

W tej sytuacji tablice ***A***, ***B***, ***C***, ***D*** są realizacją funkcji *H(z)* w przestrzeni stanu, ***I*** macierz jednostkowa. Jak wiadomo z [45], jeśli ***P*** jest dowolną nieosobliwą macierzą rozmiaru *NxN* i:

$$\begin{cases} A_1=P^{-1}AP \\ B_1=P^{-1}B \\ C_1^T=C^T P \\ D_1=D, \end{cases} \tag{4.2}$$

to macierze $\boldsymbol{A_1}$, $\boldsymbol{B_1}$, $\boldsymbol{C_1}$, $\boldsymbol{D_1}$ ą ekwiwalentnym opisem realizacji tej samej funkcji przenoszenia *H(z)*. Powyższy sposób transformacji macierzy jest znany pod nazwą przekształcenia podobieństwa [45].

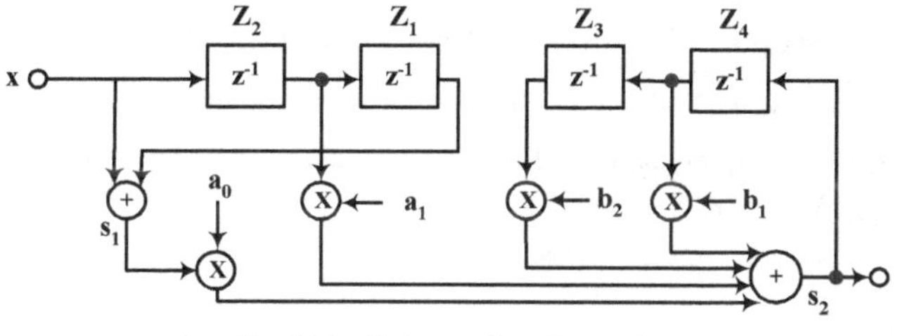

Rys. 4.1 Przykładowa struktura 2-go rzędu

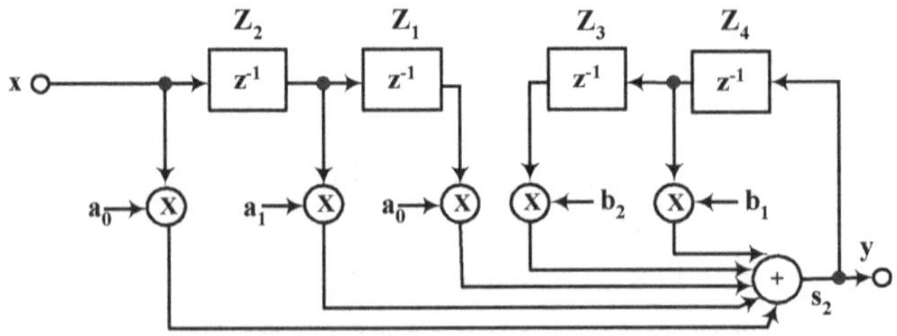

Rys. 4.2 Struktura 2-go rzędu równoważna układowi z rys.4.1

Przekształcenie zestawu macierzy $\boldsymbol{A}$, $\boldsymbol{B}$, $\boldsymbol{C}$, $\boldsymbol{D}$ na $\boldsymbol{A}_I$, $\boldsymbol{B}_I$, $\boldsymbol{C}_I$, $\boldsymbol{D}_I$ daje nowy, *równoważny* matematyczny opis funkcji przenoszenia. Niestety nie oznacza to od razu nowej struktury filtru, gdyż opis w przestrzeni stanu nie pozwala na jej jednoznaczne ustalenie. Na przykład, układy przedstawione na rys. 4.1 i 4.2 opisane są identycznymi macierzami $\boldsymbol{A}$, $\boldsymbol{B}$, $\boldsymbol{C}$, $\boldsymbol{D}$ (równanie 4.3)

$$\boldsymbol{A}=\begin{bmatrix}0&0&0&0\\1&0&0&0\\a_1&a_0&b_1&b_2\\0&0&1&0\end{bmatrix}\boldsymbol{B}=\begin{bmatrix}1\\0\\a_0\\0\end{bmatrix}\boldsymbol{C}=\begin{bmatrix}a_1\\a_0\\b_1\\b_2\end{bmatrix}\boldsymbol{D}=\begin{bmatrix}a_0\end{bmatrix}, \tag{4.3}$$

chociaż ich implementacja wymaga użycia różnych ilości elementów mnożących i ma różne charakterystyki szumu zaokrągleń. Poza tym istnieją struktury [36] takie jak na rys. 4.3, których bez dodatkowych przekształceń, nie da się opisać w przestrzeni stanu. Dodatkowo, przekształcanie struktur filtrów w przestrzeni stanu nie zmienia rozmiaru macierzy $\boldsymbol{A}$, $\boldsymbol{B}$ i $\boldsymbol{C}$ co skutkuje brakiem możliwości zdefiniowania przekształcenia tak aby, np. strukturę bezpośrednią filtru przekształcić w strukturę kanoniczną (macierze $\boldsymbol{A}$ mają różny rozmiar).

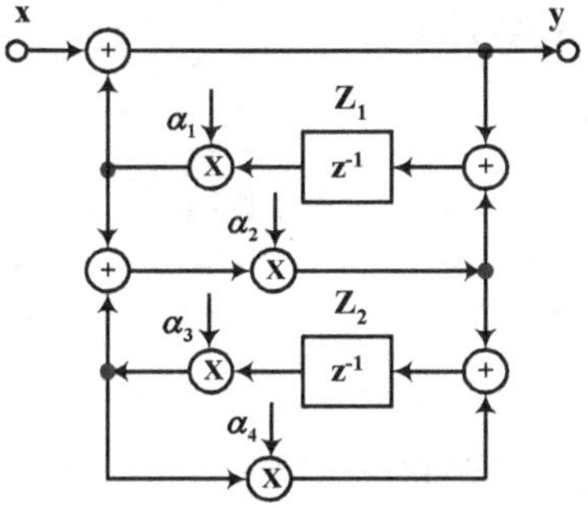

Rys. 4.3 Struktura filtru 2-go rzędu nie mająca opisu w przestrzeni stanu

Alternatywne podejście do problemu przekształcania struktur filtrów, znane jako „metoda wydzielenia węzłów mnożących" i jej modyfikacje przedstawiono w [120] i [46]. Ogólny matematyczny model opisu struktury filtru oparty na „wydzielaniu węzłów opóźniających" pokazano w [36]. Poszukiwanie nowych struktur filtrów jest zagadnieniem stale otwartym i aktualnym, gdyż zwykle poszczególne postacie filtrów są dobierane w zależności od celu zastosowania i dostępnych technik implementacyjnych. W aktualnie prowadzonych pracach [64], [61], [56], [99] pokazano syntezę strukturalną, która ma na celu dobranie filtru do precyzyjnie ustalonego celu. Poniżej zaproponowano metodę generacji nowych struktur niezależnie od planowanych zastosowań.

4.1.2. Metoda opisu strukturalnej budowy filtru

Przy opisie filtru będziemy posługiwać się zmiennymi oznaczonymi przez ***s***, ***z***, ***x***, ***y***. Zmienną stanu oznaczoną przez ***s*** będzie każdy sygnał na wyjściu sumatora niepołączony bezpośrednio z elementem opóźniającym oraz sygnał w odosobnionych punktach rozgałęzień (niepołączonych bezpośrednio z wyjściem sumatora). Przez ***z*** oznaczymy każdą zmienną w elemencie opóźniającym, ***x*** to sygnał na wejściu filtru, zaś ***y*** sygnał na wyjściu filtru.

Przy tak zdefiniowanych wielkościach strukturę filtru możemy opisać za pomocą poniższego układu równań:

$$\begin{cases} s_1 = ss_{11} * s_1 + \cdots + ss_{1M} + sx_1 * x + sz_{11} * z_1 + \cdots + sz_{1N} * z_N \\ \cdots\cdots\cdots \\ s_M = ss_{M1} * s_1 + \cdots + ss_{MM} * s_M + sx_M * x + sz_{M1} * z_1 + \cdots + sz_{MN} * z_N \\ y = ys_1 * s_1 + \cdots + ys_M * s_M + yx * x + yz_1 * z_1 + \cdots + yz_N * z_N \\ z_1 = zs_{11} * s_1 + \cdots + zs_{1M} * z_M + zx_1 * x + zz_{11} * z_1 + \cdots + zz_{1N} * z_N \\ \cdots\cdots\cdots \\ z_N = zs_{N1} * s_1 + \cdots + zs_{NM} * z_M + zx_1 * x + zz_{N1} * z_1 + \cdots + zz_{NN} * z_N , \end{cases} \qquad (4.4)$$

gdzie *M, N* są odpowiednio liczbą zmiennych s i z , zaś ss_{ij}, sx_j, sz_{ij}, ys_j, yx, yz_j, zs_{ij}, zx_j, zz_{ij} współczynniki mnożeń. Dla uproszczenia powyższy układ równań możemy zapisać w postaci macierzowej :

$$\begin{cases} \boldsymbol{S} = \boldsymbol{S}_S \circ \boldsymbol{S} + \boldsymbol{S}_X \boldsymbol{X} + \boldsymbol{S}_Z \boldsymbol{Z} \\ \boldsymbol{Y} = \boldsymbol{Y}_S \boldsymbol{S} + \boldsymbol{Y}_X \boldsymbol{X} + \boldsymbol{Y}_Z \boldsymbol{Z} \\ \boldsymbol{Z} = \boldsymbol{Z}_S \boldsymbol{S} + \boldsymbol{Z}_X \boldsymbol{X} + \boldsymbol{Z}_Z \boldsymbol{Z} , \end{cases} \qquad (4.5)$$

gdzie operacja $\boldsymbol{S}_S \circ \boldsymbol{S}$ oznacza procedurę:

procedura1: **for** j:= 1 **to** M **do**

begin

$s_j = 0;$

for i:=1 **to** M **do** $s_j := s_j + s_{ji} * s_i;$

end.

Rzeczywista realizacji filtru narzuca następujące ograniczenia:

a) sygnał na wyjściu sumatora jest dostępny po wykonaniu sumowania, zatem macierz $\boldsymbol{S}_s$ musi być dolną macierzą trójkątną,

b) sygnał na wyjściu elementów pamiętających może być użyty dopiero w następnym takcie po takcie zapisu, zatem macierz $\boldsymbol{Z}_Z$ musi być górną macierzą trójkątną.

Niech $\boldsymbol{I}$ będzie blokową macierzą wejściowego wektora stanu, $\boldsymbol{O}$ blokową macierzą wyjściowego wektora stanu, macierz Ξ blokową macierzą opisującą połączenia wszystkich elementów filtru tzn.

$$I=\begin{bmatrix}S\\X\\Y\end{bmatrix},\Xi=\begin{bmatrix}S_S & S_X & S_Z\\Y_S & Y_X & Y_Z\\Z_S & Z_X & Z_Z\end{bmatrix},O=\begin{bmatrix}S\\X\\Y\end{bmatrix}. \qquad (4.6)$$

Wówczas matematyczny opis filtru stanowi proste równanie :

$$O=\Xi I. \qquad (4.7)$$

Blokowa macierz Ξ jednoznacznie określa strukturę cyfrowego filtru i dzięki temu może być użyta do analizy własności filtru, np. błędów zaokrągleń, sprawdzenia możliwości wystąpienia przepełnienia, itp. Możemy zauważyć, że przy spełnieniu następujących warunków:

$$S_S=0, S_X=0, S_Z=0, Y_S=0, Y_X=D, Y_Z=C^T, Z_S=0, Z_X=B, Z_Z=A. \qquad (4.8)$$

równanie (4.7) odpowiada opisowi cyfrowego filtru w przestrzeni stanu. Aby wyznaczyć macierze ***A***, ***B***, ***C***, ***D*** określające filtr w przestrzeni stanu musimy przekształcić tablicę ***X***, w taki sposób aby: $Y_S = 0$ i $Z_S = 0$. Warunki $S_S = 0$, $S_X = 0$, $S_Z = 0$ nie są konieczne, gdyż przy $Y_S = 0$ i $Z_S = 0$ opisują one obliczenia niewpływające na wynik na wyjściu filtru. Algorytm przekształcenia możemy zapisać następująco:

procedura 2: (przekształcenie Ξ tak, aby $Y_S=0, Z_S=0$)

```
for i:=2 to M+N+1 do
    for j:=1 to M do
        begin
        for k:=M+1 to M+N+1 do  Ξ_ik := Ξ_ik + Ξ_jk * Ξ_ij ;
            Ξ_ij :=0;
        end;
end;
```

Za pomocą wyżej zdefiniowanego opisu modelu strukturalnego możliwe jest przedstawienie rożnego rodzaju form filtrów. Struktura przykładowego filtru pokazanego na rys. 4.1 zawiera 4 elementy opóźniające (4 zmienne z, $N=4$), dwa sumatory, odosobnionych punktów rozgałęzień brak, dwie zmienne s ($M=2$). Zatem rozmiar macierzy Ξ $(M+N+1)\mathrm{x}(M+N+1)$ czyli 7x7. Do wejść sumatora o wyjściu s_1 dołączone są sygnał wejściowy filtru i wyjście elementu opóźniającego Z_1, zatem $sx_1 = 1$, $sz_{11} = 1$. Do wejścia sumatora s_2 poprzez elementy mnożące a_0, a_1, b_2, b_1 są dołączone sygnały odpowiednio s_1, z_2, z_3, z_4. Zatem $ss_{21} = a_0$, $sz_{22} = a_1$, $sz_{23} = b_2$, $sz_{24} = b_1$. Pozostałe elementy macierzy wyznaczamy analogicznie. Ostatecznie macierz Ξ dla filtru będzie mieć postać:

$$\Xi = \begin{bmatrix} 0 & 0 & 1 & 1 & 0 & 0 & 0 \\ a_0 & 0 & 0 & 0 & a_1 & b_2 & b_1 \\ 0 & 1 & 0 & 0 & 0 & 0 & 0 \\ 0 & 0 & 0 & 0 & 1 & 0 & 0 \\ 0 & 0 & 1 & 0 & 0 & 0 & 0 \\ 0 & 0 & 0 & 0 & 0 & 0 & 1 \\ 0 & 1 & 0 & 0 & 0 & 0 & 0 \end{bmatrix}. \qquad (4.9)$$

Po przekształceniu macierzy (4.9) zgodnie z procedurą 2 otrzymamy :

$$\Xi = \begin{bmatrix} 0 & 0 & 1 & 1 & 0 & 0 & 0 \\ 0 & 0 & a_0 & a_0 & a_1 & b_2 & b_1 \\ 0 & 0 & a_0 & a_0 & a_1 & b_2 & b_1 \\ 0 & 0 & 0 & 0 & 1 & 0 & 0 \\ 0 & 0 & 1 & 0 & 0 & 0 & 0 \\ 0 & 0 & 0 & 0 & 0 & 0 & 1 \\ 0 & 1 & a_0 & a_0 & a_1 & b_2 & b_1 \end{bmatrix}, \qquad (4.10)$$

a stąd macierze przestrzeni stanu:

$$\boldsymbol{A} = \begin{bmatrix} 0 & 1 & 0 & 0 \\ 0 & 0 & 0 & 0 \\ 0 & 0 & 0 & 1 \\ a_0 & a_1 & b_2 & b_1 \end{bmatrix} \boldsymbol{B} = \begin{bmatrix} 0 \\ 1 \\ 0 \\ a_0 \end{bmatrix} \boldsymbol{C} = \begin{bmatrix} a_0 \\ a_1 \\ b_2 \\ b_1 \end{bmatrix} \boldsymbol{D} = [a_0]. \qquad (4.11)$$

Ten opis w postaci tablic ***A***, ***B***, ***C***, ***D*** zgadza się z dokładnością do numeracji elementów z opisem (4.3).

4.2. Algorytm generowania równoważnych struktur obliczeniowych

Poniżej zostanie przedstawiony sposób tworzenia ekwiwalentnych struktur cyfrowych filtrów poprzez liniową transformację macierzy Ξ struktury prototypowej, tak aby wszystkie miały taką samą charakterystykę przenoszenia. Jako prototyp weźmiemy cyfrowy filtr *K*-tego rzędu w postaci kanonicznej [17], opisany w przestrzeni stanu macierzami ***A***, ***B***, ***C***, ***D***, a algorytm przekształcenia będzie następujący:

1. Określić liczbę N zmiennych z w przestrzeni stanu dla struktury ekwiwalentnej $N \geq K$.
2. Uzupełnić macierze ***A***, ***B***, ***C*** zerami tak aby miały wymiar, odpowiednio NxN, Nx1, Nx1, utworzone tablice oznaczamy A_1, B_1, C_1, wielomian charakterystyczny macierzy A_1 $f_1(\lambda)$, będzie miał N - K zerowych pierwiastków.
3. Utworzyć wielomian charakterystyczny f_2 (λ) poprzez wymianę zer wielomianu $f_1(\lambda)$ dowolnymi liczbami.
4. Wybrać dowolną macierz A_2, której wielomianem charakterystycznym będzie wielomian $f_2(\lambda)$ utworzony w pkt. 3 (dla ustalenia uwagi pierwszą naturalną normalną formę).

5.Wybrać dowolną nieosobliwą macierz ***T*** rozmiaru NxN i wykonać przekształcenie podobieństwa:

$$A_3=T^{-1}A_2T, \quad B_2=T^{-1}B, \quad C_3^T=C_1^T T. \tag{4.12}$$

Macierze A_3, B_3, C_3 stanowią opis nowej struktury filtru o charakterystyce przenoszenia takiej jak filtr prototypowy.

6.Utworzyć macierz blokową Ξ odpowiadająca nowej strukturze wykonując operacje odwrotne do przedstawionych w punkcie 2. Niech $\boldsymbol{S_S}$=*0*, wtedy: $A_3=Z_S*S_Z+Z_Z$ oraz $Y_S*Z_S+Y_Z=C_3^T$. Wybrać arbitralnie dwie macierze trójkątne górne $\boldsymbol{Z_Z}$ i $\boldsymbol{Z_S}$ i wyznaczyć $\boldsymbol{S_Z}$, potem wybrać $\boldsymbol{Y_S}$ i $\boldsymbol{Y_Z}$ oraz dowolne macierze $\boldsymbol{S_Y}$ i $\boldsymbol{S_X}$ Wykonując trywialne przekształcenia otrzymamy szukaną macierz Ξ opisującą strukturę filtru.

4.3. Przykład wykorzystania zaproponowanego sposobu opisu struktury cyfrowego filtru i algorytmu transformacji

Przedstawiona metoda pozwala tworzyć różnorodne struktury cyfrowych filtrów, w tym te których nie da się wygenerować powszechnie znanymi metodami. Poniżej zilustrowano zaproponowaną wyżej metodę przykładem filtru 2-go rzędu. Jako strukturę wyjściową zastosowano strukturę drugiego rzędu w postaci kanonicznej [73] przestawioną na rys.4.4

$$m(n)=x(n)-b_1 m(n-1)-b_2 m(n-2)$$
$$y(n)=a_0 m(n)+a_1 m(n-1)+a_2 m(n-2)$$

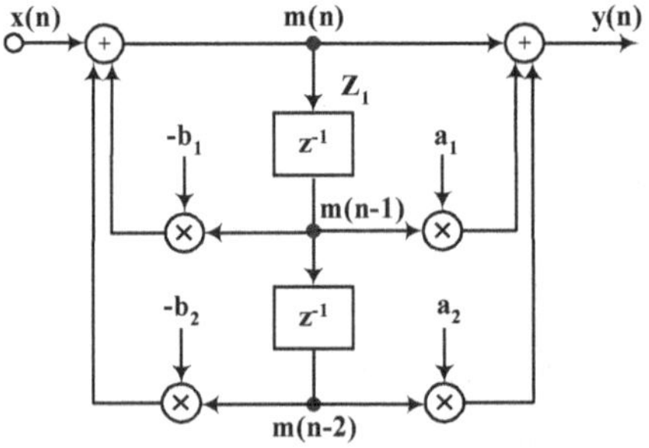

Rys. 4.4 Kanoniczna struktura filtru drugiego rzędu

W przestrzeni stanu jest ona opisana w następujący sposób:

$$A=\begin{bmatrix}-b_1 & -b_2\\ 1 & 0\end{bmatrix} B=\begin{bmatrix}1\\0\end{bmatrix} C=\begin{bmatrix}a_1\\a_2\end{bmatrix} D=[1]. \quad (4.13)$$

Poniższa transformacja przekształca formę kanoniczną w strukturę przedstawioną na rys. 4.3 (niemożliwą do osiągnięcia innymi transformacjami). Niech $M=5$ (ilość zmiennych s), $N=2$ (ilość zmiennych z). Niech:

$$\boldsymbol{T}=\begin{bmatrix} 1 & a_2/k_1 \\ 0 & -a_1/k_1 \end{bmatrix} \text{gdzie } k_1=b_1*a_1-a_2+a_1^2,$$

wtedy:

$$\boldsymbol{A_3}=\begin{bmatrix} \alpha_1+\alpha_1\alpha_2 & \alpha_2\alpha_3 \\ \alpha_1\alpha_2 & \alpha_2\alpha_3+\alpha_3\alpha_4 \end{bmatrix} \boldsymbol{B_3}=\begin{bmatrix} 1 \\ 0 \end{bmatrix} \boldsymbol{C_3}=\begin{bmatrix} \alpha_1 \\ 0 \end{bmatrix},$$

gdzie:

$$\alpha_1=a_1, \quad \alpha_2=-k_1/a_1^2, \quad \alpha_3=\frac{a_2^2/a_1-a_2b_1+a_1b_2}{\alpha_2k_1},$$

$$\alpha_4=\frac{a_2k_1\alpha_2+a_2b_1^2-2b_1a_2^2/a_1-b_1b_2a_1+a_2^3/a_1^2+a_2b_2}{a_2b_1a_1-a_2^2-a_1^2b_2}+1.$$

Niech

$$\boldsymbol{Z_Z}=\begin{bmatrix} 0 & 0 \\ 0 & 0 \end{bmatrix}, \quad \boldsymbol{Y_Z}=\begin{bmatrix} 0 & 0 \end{bmatrix}, \quad \boldsymbol{Z_S}=\begin{bmatrix} 0 & 1 & 0 & 0 & 1 \\ 0 & 0 & \alpha_4 & 0 & 1 \end{bmatrix}.$$

Po przekształceniach otrzymamy:

$$\Xi=\begin{bmatrix} 0 & 0 & 0 & 0 & 0 & 0 & \alpha_1 & 0 \\ 1 & 0 & 0 & 0 & 0 & 1 & 0 & 0 \\ 0 & 0 & 0 & 0 & 0 & 0 & 0 & \alpha_3 \\ 1 & 0 & 1 & 0 & 0 & 0 & 0 & 0 \\ 0 & 0 & 0 & \alpha_2 & 0 & 0 & 0 & 0 \\ 0 & 1 & 0 & 0 & 0 & 0 & 0 & 0 \\ 0 & 1 & 0 & 0 & 1 & 0 & 0 & 0 \\ 0 & 0 & \alpha_4 & 0 & 1 & 0 & 0 & 0 \end{bmatrix}.$$

Skoro $N=2$ nowa struktura będzie zawierała dwa elementy opóźniające. Pierwszy, trzeci, piąty wiersz macierzy zawierają po jednym niezerowym elemencie, a odpowiadające tym elementom kolumny też zawierają też tylko jeden element niezerowy. Zatem, s_1, s_3, s_5 przedstawiają punkty rozgałęzień. Wiersze 2, 4, 7, 8 zawierają więcej niż jeden element niezerowy, zatem wymagane będą 4 sumatory. Macierz zawiera 4 nietrywialne elementy, zatem w strukturze filtru wystąpią 4 układy mnożące. Łącząc element z_1 do wejścia elementu s_1 poprzez układ mnożący α_1 i wyjście s_1 do wejścia s_2 itd., otrzymamy strukturę z rys. 4.3., która po wprowadzeniu proponowanego formalnego opisu została pokazana na rys. 3.6

4.4. Wyniki i wnioski

1. Wprowadzono uogólniony matematyczny opis struktury filtrów, pozwalający drogą liniowego przekształcenia podobieństwa uzyskiwać nowe dopuszczalne układy strukturalne cyfrowych filtrów.
2. Opracowano algorytm przekształcania wyjściowej znanej struktury filtru przygotowany do implementacji programowej umożliwiający stworzenie narzędzia projektowego typu CAD. Metoda nie była sprawdzana pod kątem, czy pozwala generować wszelkie możliwe struktury lecz miała na celu wskazanie, że możliwe jest zautomatyzowane tworzenie struktur na bazie układu prototypowego.
3. Przedstawiono przykład zastosowania algorytmu transformacji struktur opisanych zgodnie z zaproponowanym formalnym sposobem reprezentacji formy filtru. Pokazano, że dzięki wprowadzonym metodom możliwe jest wygenerowanie struktury znanej ale nieosiągalnej innymi sposobami transformacji.
4. Zaproponowane rozwiązania wymagają dalszych badań w celu dokonania analizy generowanych struktur i sprecyzowania doboru parametrów metody przekształcania, które mają aktualnie duży zakres swobody (arbitralny wybór macierzy $\boldsymbol{Z_Z}\, \boldsymbol{Z_S}\, \boldsymbol{Y_S}\, \boldsymbol{Y_Z}\, \boldsymbol{S_Y}\, \boldsymbol{S_X}$).

5. Eksperymentalne implementacje modułów obliczeniowych

5.1. Implementacja struktur obliczeniowych w układach programowalnych w technice arytmetyki rozproszonej

Arytmetyka rozproszona (AR) jako technika implementacyjna wygodna w stosowaniu w zadaniach CPS została opisana w rozdz.2 Rozwój cyfrowych logicznych układów reprogramowalnych spowodował, że została ona ponownie dostrzeżona [15], [126] jako efektywna kosztowo i wydajnościowo metoda realizacji zadań cyfrowego przetwarzania sygnałów [56], [16] w czasie rzeczywistym. Jej obecne zastosowania to implementacje przy użyciu układów typu FPGA [43], [86]. Użycie idei AR przy uwzględnieniu specyfiki budowy wewnętrznej układów FPGA umożliwia opracowanie struktury będącej podstawą do realizacji złożonych banków cyfrowych filtrów i umożliwiającą wdrożenie koncepcji dynamicznie zmienianej architektury DRAW-WAW. Ich zasady pracy zostały pokazane w rozdz.2. Koncepcja przedstawiona na rys. 2.10 może stanowić punkt wyjściowy do stworzenia strukturalnego schematu banku cyfrowych filtrów [88] opartego na jednostce operacyjnej wykonanej w technice [75] arytmetyki rozproszonej. Obniżenie częstotliwości pracy drogą decymacji (równoznaczne obniżeniu częstotliwości próbkowania) umożliwia opracowanie koncepcji modułu operacyjnego pracującego w trybie podziału czasu realizującego zasadę budowy filtrów w postaci kaskadowo połączonych ogniw drugiego rzędu.

Metoda M-krotnej redukcji częstotliwości próbkowania f_S polega na sekwencyjnym wykonywaniu następujących operacji [104]: filtracja sygnału

$\{x(n/f_S), n=0,1,\cdots\}$ o szerokości widma F filtrem dolnoprzepustowym o szerokości pasma $F'=F/M$; przerzedzanie otrzymanego sygnału poprzez wybór co M-tej próbki. W jej wyniku powstaje sygnał $\{y(n/f_S'), n=0,1,\cdots\}$ o częstotliwości próbkowania $f_S'=f_S/M$.

Wielopasmowa analiza widmowa wymaga stosowania bardzo różnorodnych wartości stopnia podziału M. W ogólnym przypadku przy podziale o M>5 wymagany jest filtr dolnoprzepustowy o stosunkowo dużej liczbie współczynników. Z tego względu wykorzystuje się banki cyfrowych filtrów z wielostopniową kaskadową decymacją o niskim współczynniku podziału w poszczególnych kaskadach. Przy L stopniach współczynnik zmniejszenia częstotliwości próbkowania w ostatnim stopniu wynosi $M=M_1 M_2 \cdots M_L$, zaś podział na kaskady dobierany jest tak, aby był zgodny z wymaganym podziałem pasmowym:

$$F_i=F_{i-1}=F/D_i, \quad D_i=\prod_{j=1}^{i} M_j; \quad F_0=F; \quad i=\overline{1,L}. \qquad (5.1)$$

Przy zastosowaniu kaskad o $M=2$ i $M=5$ uzyskujemy podział pasma na podzakresy, odpowiednio oktawowe i dekadowe.

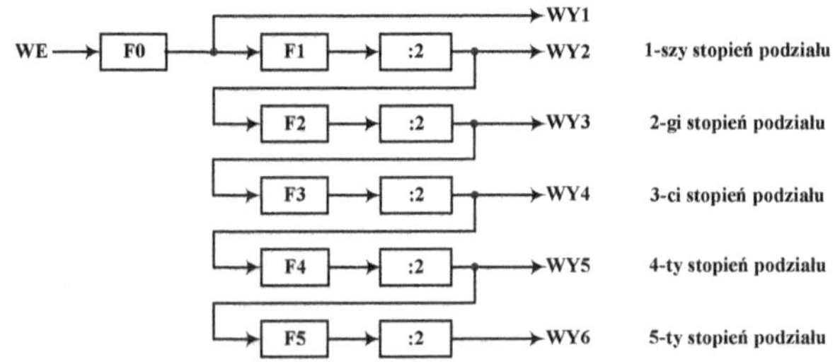

1	2	3	4	5	6	7	8	9	10	11	12	13	14	15	16	17	18	19	20	21	22	23	24	25	26	27	28	29	30	31	32	33	34	35	36	37	38	39	40	41	42
F0	F0	F0	F0	F0	F0	F0	F0	F0	F0	F0	F0	F0	F0	F0	F0	F0	F0	F0	F0	F0	F0	F0	F0	F0	F0	F0	F0	F0	F0	F0	F0	F0	F0	F0	F0	F0	F0	F0	F0	F0	F0
F1		F1		F1		F1		F1		F1		F1		F1		F1		F1		F1		F1		F1		F1		F1		F1		F1		F1		F1		F1		F1	
	F2				F2				F2				F2				F2				F2				F2				F2				F2				F2				F2
			F3								F3								F3								F3								F3						
							F4																F4																F4		
															F5																										

Rys. 5.1 Ilustracja sekwencji pracy poszczególnych filtrów

Idea wielostopniowej decymacji stwarza możliwość znacznej redukcji sprzętowej złożoności wielopasmowego banku cyfrowych filtrów. Jest to możliwe dzięki wykorzystaniu rezerw czasowych zwanych dalej metodologicznymi a wynikających z możliwości pracy przy wielokrotnie obniżonej częstotliwości. Cały moduł musi przetwarzać nieprzerwany ciąg danych napływających w rytmie pierwotnej częstotliwości próbkowania f_s. Jednak z taką „szybkością" będzie pracował tylko pierwszy stopień a każdy następny ze znacznie obniżoną (min. 2-krotnie). Na rys.5.1 pokazano układ filtrów w banku z podziałem oktawowym na sześć pasm i określono momenty pracy poszczególnych filtrów. Pierwszy wiersz tabeli zawiera numery kolejnych taktów, a następne momenty pracy poszczególnych filtrów. Jak można zauważyć w każdej chwili czasu pracują dwa filtry: zawsze filtr F0 oraz jeden z pozostałych. Oznacza to, że do realizacji takiego zestawu wystarczą dwie jednostki operacyjne (JO). Jedna wykonująca filtrację pierwszego stopnia - F0, druga filtrację jednego z pozostałych stopni (praca z podziałem czasowym). Przy wymaganej większej liczbie pasm możliwe jest dalsze rozwijanie schematu czasowego pracy, gdyż kolejne filtry będą pracowały od 2^{n-1} pierwszego taktu i co 2^n-ty takt, gdzie n numer stopnia podziału. Aby zrealizować taki sposób pracy jednostka operacyjna musi zostać „otoczona" układem historii pracy filtrów (HPF), który będzie zapamiętywał dane wejściowe i wyjściowe w poszczególnych etapach pracy. Dodatkowo niezbędny jest układ sterujący do ustalania sekwencji przełączeń pomiędzy stopniami pracy, w tym przełączania współczynników filtru.

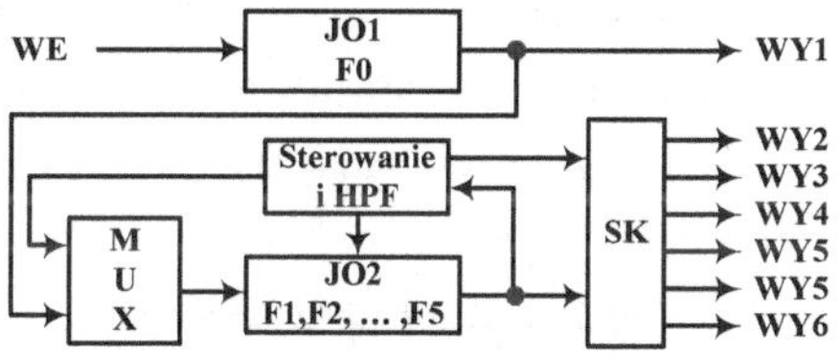

Rys. 5.2 Organizacja sześciokanałowego banku filtrów

Na rys.5.2 przedstawiono koncepcję organizacji układu realizacji banku filtrów wykorzystującą dwie jednostki operacyjne. Uwzględniono na nim dodatkowo multiplekser (MUX) danych wejściowy dla JO2 i separator kanałów wyjściowych (SK) przekazujący przetworzone sygnały na wyjścia poszczególnych kanałów.

Analogicznie do banku filtrów z podziałem oktawowym można ustalić pracę banków z podziałem dekadowym i mieszanym. Metodologiczne rezerwy czasowe będą wówczas większe niż przy układzie oktawowym, w którym stopień podziału jest najmniejszy z możliwych (2-krotny).

W dotychczasowych rozważaniach domyślnym założeniem był czas obliczeń potrzebny do realizacji pojedyńczego filtru T_F równy okresowi próbkowania Δt. Jest to czas maksymalny w jakim muszą być przeprowadzone obliczenia pojedyńczego stopnia. Biorąc pod uwagę wydajność współcześnie dostępnych środków sprzętowych i typowy zakres częstotliwości analizowanych w urządzeniach wibroakustycznych istnieje możliwość dalszej redukcji złożoności sprzętowej. Pierwszym krokiem będzie zastosowanie pojedynczej JO. Będzie to możliwe jeśli czas $T_F \leqslant \Delta t/2$. Wówczas podstawowy cykl pracy będzie miał charakter dwufazowy. W pierwszej fazie (pierwsza połowa okresu Δt) zawsze będzie wykonywana filtracji stopnie F0, zaś w drugiej fazie (druga połowa okresu Δt) filtracja jednego ze stopni F1-F5.

Kolejny krok w zmniejszeniu wymaganych do fizycznej realizacji zasobów sprzętowych jest możliwy przy wykorzystaniu koncepcji projektowania filtrów zaproponowanych w poprzednich rozdziałach. Zgodnie z nimi JO wykonująca pełną filtrację jednego stopnia powinna mieć postać kaskadowego połączenia identycznych ogniw niskiego rzędu. Oznacza to, że podstawowym elementem konstrukcji całego banku filtrów będzie element operacyjny (EO)-pojedyncze ogniwo niskiego rzędu pracujące w trybie podziału czasu. Podobnie jak przy przełączaniu w czasie jednostki operacyjnej, przełączanie w czasie elementu operacyjnego wymaga zastosowania dodatkowo układu sterowania i historii pracy ogniwa (HPO), w celu przechowywania i udostępniania w odpowiedniej chwili danych wejściowych i wyjściowych ogniwa. Strukturalny schemat układu jednostki operacyjnej pracującej na bazie przełączanego elementu operacyjnego pokazano na rys. 5.3.

Jednostka Operacyjna - JO

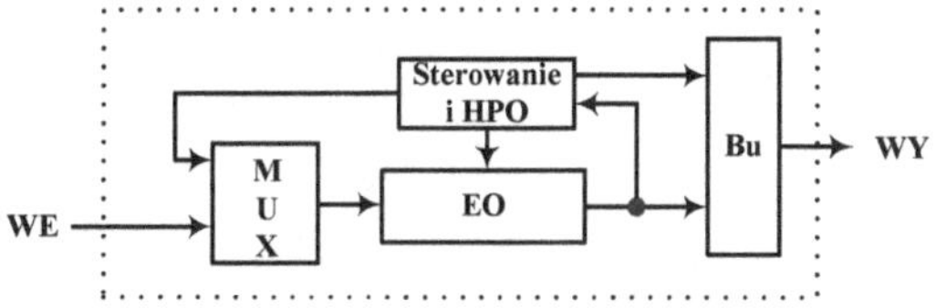

Rys. 5.3 Schemat strukturalny jednostki operacyjnej

Tak zbudowana jednostka operacyjna musi posiadać bufor wyjściowy (Bu) aby odseparować wyniki pośrednie od jej wyjścia oraz multiplekser (MUX) na wejściu celem przełączania danych wejściowych. Zatem cały bank filtrów będzie oparty na pojedynczym elemencie operacyjnym w postaci ogniwa niskiego rzędu (najczęściej drugiego) pracującym w trybie multipleksowania w czasie. Daje to znaczną redukcję nakładów sprzętowych (w porównaniu do realizacji wszystkich filtrów niezależnie) mimo znacznej rozbudowy układów wspomagających (sterowania i zintegrowanych z nimi bloków historii pracy). Dodatkowy warunek konieczny to praca układów realizacyjnych z zegarami wielokrotnie przewyższającymi częstotliwość próbkowania sygnałów wejściowych (aby możliwa była praca wielofazowa). Jest to obecnie sytuacja powszechna, gdyż zarówno procesory DSP i podzespoły klasy FPGA (patrz dodatek A) mogą pracować z zegarami rzędu setek MHz, a częstotliwości próbkowania sygnałów wibroakustycznych osiągają najwyżej setki kHz (patrz rozdz.1) .

Przedstawiona koncepcja organizacji pracy i struktury banku filtrów była opracowywana pod kątem użycia jej przy realizacji architektury DRAW-WAW i jest dobrze do niej dopasowana. Element operacyjny w postaci ogniwa niskiego rzędu pracujący w układzie kaskadowym doskonale nadaje się do implementacji za pomocą AR w układach FPGA (zaplanowanej jako podstawowa technika obliczeń czasu rzeczywistego) tworzących moduł HARD struktury DRAW-WAW. Przykładowo, drogą prostej wymiany danych w tabeli LUT możliwa jest zmiana charakterystyk realizowanych filtrów, a poprzez zmianę sekwencji przełączeń jednostki operacyjnej ilości analizowanych pasm. W dalszej części zostaną opisane eksperymenty służące sprawdzeniu zaproponowanych rozwiązań.

5.2. Charakterystyka błędów występujących w zastosowaniach arytmetyki rozproszonej

Strukturalna budowa układów obliczeniowych na podstawowy wpływ na szybkość wykonywania obliczeń oraz koszt „materiałowy" praktycznej realizacji. Jednak dobór architektury nie może ograniczać się do analizy szybkośći działania i kosztów. Wynika to z tego, iż budowa strukturalna ma również wpływ na błędy obliczeń i tym samym na zakres dynamiczny analizowanych sygnałów oraz dokładność uzyskiwanych charakterystyk decydujących o klasie filtrów a także kompletnego analizatora wibroakustycznego. Arytmetyka rozproszona jako metoda sprzętowego wykonywania obliczeń wnosi swoje charakterystyczne błędy. Obliczenia są wykonywane szeregowo bit po bicie i podstawowy typ błędu to błędy zaokrągleń. Poniżej przytoczono krótko model błędów i ich charakterystykę [67]. Model opiera się na założeniu, że błędy zaokrągleń $e[n]$ są nieskorelowane z danymi wejściowymi $x[n]$[25].

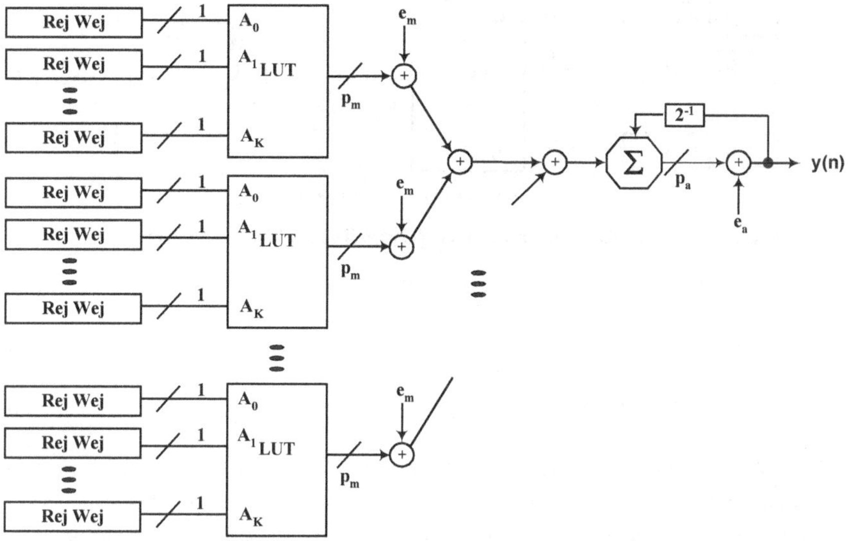

Rys. 5.4 Schemat analizy błędów dla struktury bezpośredniej

W celu wykonania analizy błędów przyjęto następujące oznaczenia e_m - błąd zaokrąglenia na wyjściu pamięci, e_a – błąd zaokrąglenia na wyjściu akumulatora, p – ilość bitów w słowie wejściowym, p_m – ilość bitów słowa w pamięci oraz p_a – ilość bitów akumulatora. W przypadku formy bezpośredniej często stosuje się zrównoleglenie struktur (w celu przyśpieszenia działania). Oznaczając dodatkowo przez r ilość pamięci LUT wyrażenie opisujące wartość błędu na wyjściu e_y układu o strukturze bezpośredniej (rys.5.4) opisany jest wzorem:

$$e_y=\sum_{i=0}^{p-1} 2^{-i}\sum_{j=1}^{r} e_m+\sum_{i=0}^{p-2} 2^{-i} e_a, \tag{5.2}$$

zaś wartość oczekiwana błędu wynosi:

$$\sigma_{e_y}^2=\frac{K}{4}\left[\frac{1-2^{-2p}}{1-2^{-2p/q}}\right]\sigma_{e_m}^2+\left[\frac{1-2^{-2p(q-1)/q}}{1-2^{-2p/q}}\right]\sigma_{e_a}^2. \tag{5.3}$$

Inną często stosowaną w praktyce (wykorzystywaną również w tej pracy) formą filtru jest struktura kaskadowa. Błędy zaokrągleń pokazane w [67] przy schemacie połączeń jak na rys. 5.5.

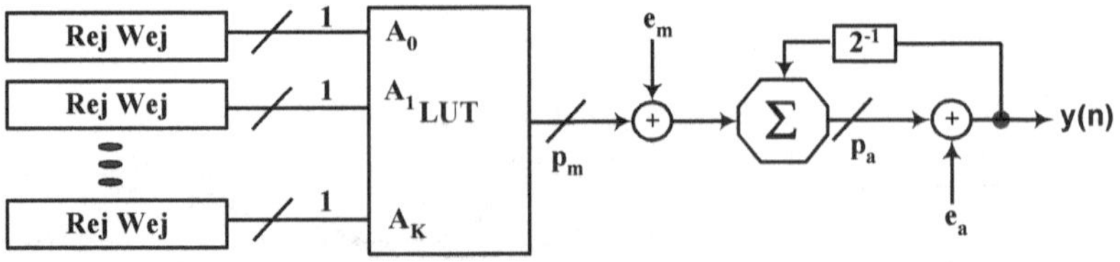

Rys. 5.5 Schemat analizy błędów dla struktury kaskadowej

Wartość błędu, przy zachowaniu oznaczeń jak przy analizie struktury bezpośredniej wyniesie:

$$e_y=\sum_{i=0}^{p-1} 2^{-i} e_m+\sum_{i=0}^{p-2} 2^{-i} e_a, \tag{5.4}$$

zaś wartość oczekiwana:

$$\sigma_{e_y}^2=\left(\frac{1-2^{-2p}}{1-2^{-2}}\right)\frac{2^{-2p_m}}{12}+\left(\frac{1-2^{-2(p-1)}}{1-2^{-2}}\right)\frac{2^{-2p_m}}{12}. \tag{5.5}$$

W proponowanych w niniejszej pracy układach strukturalnych implementacji cyfrowych filtrów stosowane są: struktura bezpośrednia do realizacji ogniwa drugiego rzędu i kaskadowe połączenie ogniw tworzące układ obliczeniowy filtrów wyższego rzędu. Oznacza to, że przy ustalaniu błędów wynikający z opracowanych form implementacyjnych zastowanie będą miały wszystkie przytoczone wyżej równania. W przypadku ogniwa drugiego rzędu *r=1 i* formuła (5.2) przyjmie postać taką jak wzór opisujący błąd struktury kaskadowej (formuła 5.4). Dodatkowo zakładana jest w całej strukturze długość słowa równa długości słowa danych wejściowych. Zatem w przypadku rozwiązań zaproponowanych w tej pracy ostateczny wzór na wartość oczekiwaną błędu przyjmie postać:

$$\sigma_{e_y}^2=\frac{2^{-2p}}{3}+2^{-2(2p-1)}. \tag{5.6}$$

Jak widać z równania (5.6) wariancja błedu nie zależy od kształtu struktury obliczeniowej, co ułatwia jej projektowanie i umożliwia swobodne wprowadzanie modyfikacja bez konieczności ponownej analizy błędów.

5.3. Cyfrowy bank filtrów w arytmetyce rozproszonej implementowany za pomocą układów programowalnych klasy FPGA w postaci kaskadowego połączenia ogniw drugiego rzędu

Koncepcja elastycznej i efektywnej sprzętowo, implementacji banku filtrów dopasowanej do wdrożenia w ramach architektury DRAW-WAW została przedstawiona w rozdz.4. Była ona projektowana pod kątem wykorzystania techniki arytmetyki rozproszonej i układów programowalnych FPGA oraz zakładała opracowanie modułu operacyjnego wykonującego zadanie całego cyfrowego banku filtrów [75] w oparciu o pojedynczy element operacyjny (EO). Schemat blokowy takiego rozwiązania w postaci modułu operacyjnego cyfrowego banku filtrów (MOCBF) pokazano na rys. 5.6.

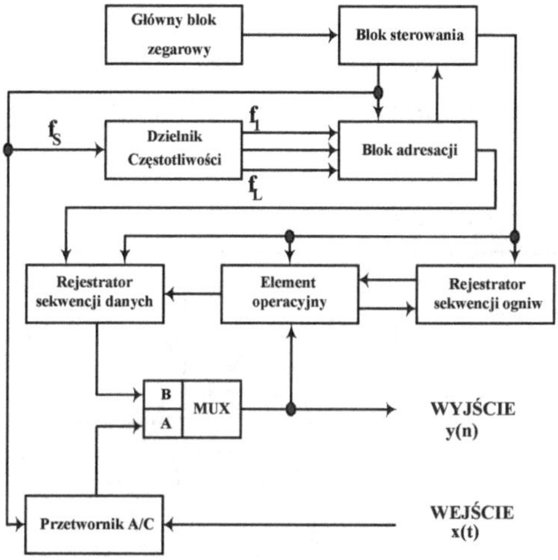

Rys. 5.6 Schemat blokowy modułu operacyjnego cyfrowego banku filtrów

Sercem MOCBF jest element operacyjny. Wykonuje on obliczenia podstawowego ogniwa na bazie, którego zbudowane są wszystkie filtry banku. Zgodnie z przedstawionymi wcześniej w tej pracy rozwiązaniami (opracowanymi algorytmami syntezy filtrów) rozważania w dalszej części tego rozdziału, będą dotyczyć banku cyfrowych filtrów zbudowanych w postaci kaskady ogniw niskiego rzędu. Element operacyjny będzie pracował w trybie multipleksowania w czasie i w związku z tym musi być „otoczony" blokiem śledzenia historii pracy.

Układ HPO został rozdzielony na dwie sekcje: *rejestrator sekwencji ogniw* zawierający współczynniki dla poszczególnych ogniw i ich numery, *rejestrator sekwencji danych* zapamiętujący i odtwarzający w odpowiednich momentach czasu dane wejściowe i wyniki pośrednie. Wymagany jest jeszcze multiplekser (MUX) danych wejściowych EO, gdyż przy pracy na potrzeby pierwszego stopnia przetwarzane są sygnały bezpośrednio napływające z przetwornika A/C. Całość operacji jest kontrolowana przez układy nadzorujące w skład, których wchodzą: dzielnik częstotliwości, blok adresowania, blok sterowania i blok zegarowy.

Element operacyjny w MOCBF to pojedyncze ogniwo niskiego rzędu a w praktyce ogniwo drugiego rzędu. Uogólniony schemat strukturalny takiego ogniwa dogodny do realizacji w technice arytmetyki rozproszonej i przystosowany do efektywnej implementacji kaskadowej formy cyfrowego filtru zaproponowano na rys. 5.7

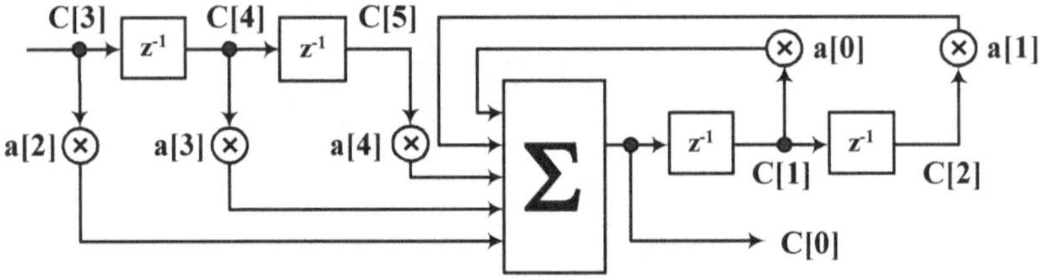

Rys. 5.7 Schemat strukturalny ogniwa drugiego rzędu

Abstrahując od równań opisujących cyfrowy filtr drugiego rzędu wartości zmiennych w poszczególnych punktach struktury oznaczono przez *C[i], i=0-4* a współczynniki mnożeń przez *a[i]*.

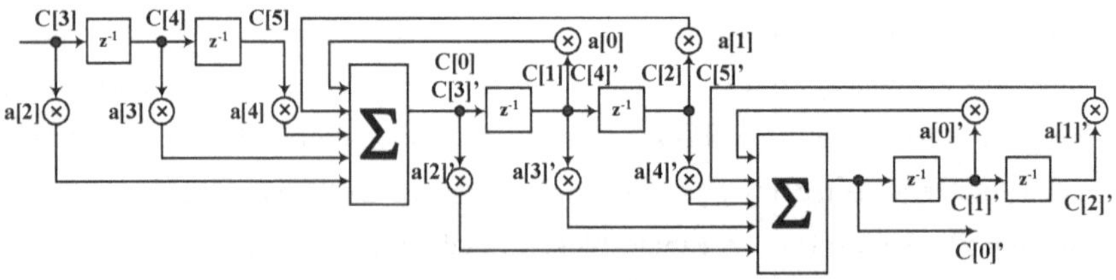

Rys. 5.8 Kaskadowe połączenie dwóch struktur drugiego rzędu

Na rys. 5.8 pokazano kaskadowe połączenie dwóch ogniw z którego wynika, iż pozwala ono „zaoszczędzić" na elementach opóźniających. Przyjmując dodatkowo oznaczenia: *x[n,k]* *n*-ta wartość sygnału na wejściu *k*-tego ogniwa o współczynnikach *a[i,k]*operacje wykonywane przez EO można zapisać w postaci poniższych równań:

1. Wyznaczenie wartości końcowej

$$C[3]=x[n,k],\quad C[0]=\sum_{0}^{4} a[i,k]C[i+1]; \qquad (5.7)$$

2. Wyznaczenie nowych wartości zmiennych stanu

$$C[i+1]=C[i],\quad i=4,3,1,0\quad x[n,k+1]=C[0]. \qquad (5.8)$$

Suma w formule (5.7) wyznaczana jest metodą tablicową AR. W porównaniu klasycznym układem AR tablica funkcyjna zawiera wstępnie wyznaczone sumy współczynników *a[i,k]* ważonych pozycjami binarnymi *c[i,j]* *j=0, ... ,B-1* (*j*-numer pozycji w słowie, *B*-rozmiar słowa) zmiennych *C[i]* oraz dodatkowe pozycje binarne w słowie zawierające kody sterujące. Wynik funkcji tablicowej można przedstawić w postaci:

$$\begin{aligned} c_w[j]&=\sum_{i=0}^{4} c[i,j]2^i,\\ F(A[j,u])&=F(c_w[j]+2^5u)=\sum_{i=0}^{4} c[i,j]a[i,k]. \end{aligned} \qquad (5.9)$$

Wielkość $A[j,u]$ jest r-wymiarowym adresem wskazującym wartość funkcji *F*, c_w jest słowem utworzonym z *j*-tych pozycji binarnych wszystkich słów *C[i]*. Współczynnik wagowy *c[i,j]* jest *j*-tym bitem zmiennej *C[i]*. Podstawowe obliczenia (5.7) dla danych o długości słowa *B* są wykonywane w rekurencyjnej formie przez moduł arytmetyki rozproszonej – MAR zapisanej w poniższej postaci:

$$\begin{aligned} &A[j,u]\text{->}F[j,u],\\ &s[j]=s[j-1]+F[j,u]2^j,\ \text{gdzie}\, s[-1]=0,\ j=\overline{0,B-2},\\ &V=s[B-1]=s[B-2]-F[B-1,u]2^{B-1}. \end{aligned} \qquad (5.10)$$

Wstępnie wyznaczone wartości *F[j,u]* umieszczone są w pamięci o organizacji $2^r x B$ bitów, *s[j]* to kolejne sumy obliczane w akumulatorze o długości słowa *B*. Zgodnie z podstawowym schematem działania AR wynik wyznaczany jest w ciągu *B* taktów.

Algorytm zapisany formułą (5.10), przy $r>12$ realizuje się przy wykorzystaniu kilku modułów MAR (gdyż rozmiar pamięci rośnie wykładniczo). Możliwych jest wiele wariantów połączenia bloków MAR. Jeśli *B* jest parzyste formułę (5.10) można zapisać w postaci:

$$V=V[1]+2V[2], \tag{5.11}$$

$$V[1]=\sum_{i=0}^{B/2} F[2i,u]2^{2i}, \quad V[2]=\sum_{i=0}^{B/2} F[2i+1,u]2^{2i}, \tag{5.12}$$

realizowaną równoległym połączeniem dwóch MAR o słowie danych *B*/2. Jeden moduł przetwarza parzyste a drugi nieparzyste bity słowa wejściowego. Jeśli długość słowa danych można przedstawić jako iloczyn dwóch liczb całkowitych $B=ML$ to realizacja modułu obliczeniowego będzie mogła się składać z równoległego połączenia *M* modułów ze słowem o długości *L* lub *L* modułów ze słowem o długości *M*. Można to zapisać w postaci poniższych równań.

$$V=\sum_{m=0}^{M-1} V[m]2^{m} lub\, V=\sum_{l=0}^{L-1} V[l]2^{l}, \tag{5.13}$$

$$V[m]=\sum_{l=0}^{L-1} F[m+lM,u]2^{lM}, \quad V[l]=\sum_{m=0}^{M-1} F[m+lM,u]2^{m}, \quad i=m+lM, \quad m=\overline{0,M-1}, \quad l=\overline{0,L-1}. \tag{5.14}$$

Jak widać technika arytmetyki rozproszonej pozwala na łatwe tworzenie struktur pracujących równolegle. Algorytm obliczeń jest podzielony na grupy operacji, których wykonanie jest rozproszone na moduły MAR. Wynik końcowy jest tworzony z rezultatów pośrednich z wyjść poszczególnych modułów przy użyciu dodatkowych sumatorów.

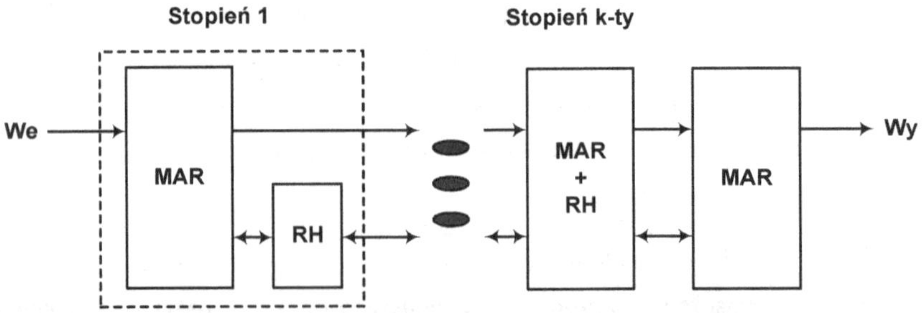

Rys. 5.9 Struktura potokowa oparta o moduł MAR

Kaskadowe połączenie MAR umożliwia wdrożenie pracy potokowej co oznacza, że wydajność obliczeniowa nie będzie zależna od rzędu realizowanego filtru. Rys. 5.9 ilustruje sposób łączenia modułów MAR dający w efekcie strukturę przetwarzania potokowego. Elementem uzupełniającym jest blok rejestratora historii (RH) rejestrujący „miejsce" danego MAR w przetwarzaniu potokowym.

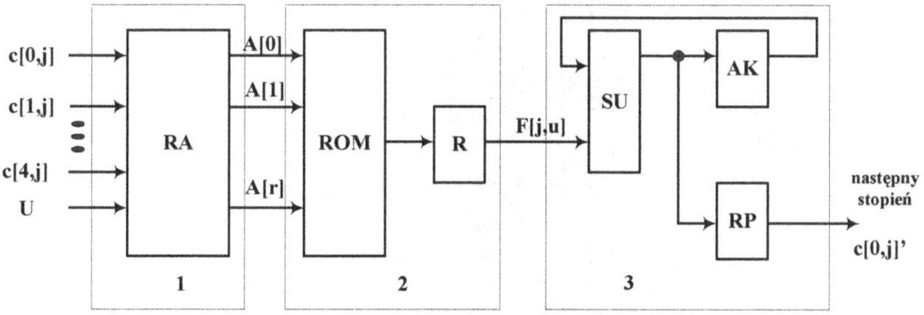

Rys. 5.10 Budowa potokowa modułu MAR

Aby osiągnąć efektywną strukturę potokową architektura modułu MAR została rozbita na mniejsze fragmenty. Klasyczna struktura AR została uzupełniona dodatkowymi elementami logicznymi. Zostało to pokazane na rys. 5.10. Na wejściach adresowych i wyjściu danych pamięci ROM zostały dodane rejestry-zatrzaski (RA-rejestr adresu) wnoszące dodatkowe opóźnienie o jeden takt. Rejestr RP jest rejestrem przesuwnym o równoległym wejściu i szeregowym wyjściu.

Bieżące obliczenia wykonywane w danym stopiu struktury potokowej są ustalane za pomocą rejestratora historii, który również pozwala na dokonanie synchronizacji pracy potoków. Schemat jego struktury wewnętrznej został pokazany na rys. 5.11. Rejestrator historii zawiera dwie pamięci RAM1 i RAM2 oraz dwa rejestry R1 i R2. Przepływ informacji odbywa się dwu strumieniowo. W każdym cyklu pracy modułu MAR pamięci są w cyklu odczytu lub zapisu (operacja odnowienia stanu 5.8). Cykl odczytu (zapisu) do RAM1 odbywa jednocześnie z zapisem (odczytem) do RAM2. Rejestry R1, R2 pełnią rolę pamięci przejściowej do synchronizacji przeływu danych, *u* sygnały sterujące buforami trójstanowymi.

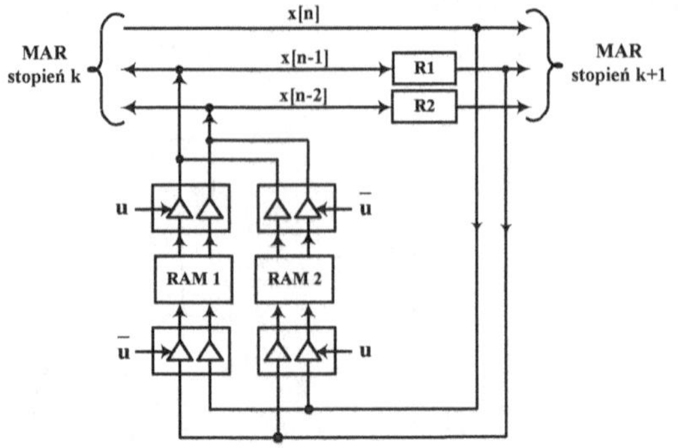

Rys. 5.11 Struktura wewnętrzna rejestratora historii

Pokazane sposoby wykorzystania AR do realizacji algorytmów cyfrowej filtracji pozwalają na opracowanie jednostki obliczeniowej, która może być elementem modułu HARD prowadzącego do urzeczywistnienia koncepcji DRAW-WAW. Drogą dynamicznej zmiany sekwekcji przełączania bloku MAR możliwa jest zmiana ilości analizowanych pasm, wymiana współczyników zawartych w rejestratorach historii spowoduje zmianę charaktrystyki amplitudowo-częstotliwościowej filtrów.

Zastosowanie struktury potokowej na poziomie łączenia modułów MAR i w wewnętrznej budowie samego modułu prowadzi do uzyskania maksymalnej szybkości obliczeń. Jeśli zakres analizowanych w czasie rzeczywistym pasm nie jest zbyt szeroki, to jest możliwe użycie tylko jedngo modułu MAR pracującego na potrzeby ogniw tworzących filtr na zasadzie podziału czasu. Takie rozwiązanie wnosi komplikacje do schematu adresowania i wymaga użycia dodatkowego multipleksera do przełączania danych na wejściu modułu. Jak widać rozważana implementacja banku cyfrowych filtrów charakteryzuje się elastycznością i wielofuncyjnością i może pracować z podziałem czasu umożliwiając równoległą pracę filtrów na potrzeby, np. przetwarzania wielokanałowego.

W ramach prowadzonych testów wykonano strukturę elementu operacyjnego zgodnie z algorytmem arytmetyki rozproszonej dla 12-bitowych danych wejściowych i 12-bitowym wyjściu. Wykorzystano przy tym oprogramowanie i układy rodziny FLEX 10K firmy Altera Testy jakie wykonano na tym układzie to:

- Timing simulation (symulacja czasowa),
- Timing Analyzer (analizator czasowy),
- Delay Matrix (Macierz opóźnień),
- Setup/Hold Time Analysis,

- Registered performance (Wydajność rejestrów).

Wykonany moduł charakteryzował się dużą szybkością pracy. Przy zastosowanej częstotliwości zewnętrznego zegara taktującego układ 119.04 MHz, przy 12 bitowym równoległym wejściu uzyskano pracę z szybkością 5,7 MSample/s. Oznacza to (zgodnie z regułą Nyquista) możliwość przetwarzania w czasie rzeczywistym sygnałów o maksymalnej częstotliwości ok. 2,85 MHz, co znacznie przekracza wymagania występujące przy analizie wibroakustycznej. Maksymalne opóźnienie między zmianą wartości na wejściu a pojawieniem się zmiany na wyjściu 18,4 ns (ang. latency). Wielkość nakładów sprzętowych w postaci stopnia wykorzystania struktur wewnętrznych podzespołu EPF10k30ETC144-1 pokazano w poniższej tabeli. Dla pojedyńczego modułu AR uzyskano:

Device	Input Pins	Output Pins	Bidir Pins	Memory Bits	Memory %Utilized	LCs	LCs %Utilized
EPF10K30ETC144-1	13	12	0	192	0 %	103	5 %

zaś dla dwóch układów połączonych kaskadowo zaimplementowanych w jeden układ scalony:

Device	Input Pins	Output Pins	Bidir Pins	Memory Bits	Memory %Utilized	LCs	LCs %Utilized
EPF10K30ETC144-1	13	12	0	384	1 %	185	10 %

Wykonane implementacje pokazują, iż możliwe jest uzyskanie szybkości pracy wystarczającej do realizacji analizy filtrowej w czasie rzeczywistym. Filtr projektowany zgodnie z zaproponowanymi w tej pracy metodami opracowanymi przy założeniu realizacji w układach typu FPGA i CPLD, łatwo i efektywnie (pod względem zużycia zasobów sprzętowych) realizuje się w technice AR. Potwierdza to skuteczność opracowanych zasad projektowania opisu matematycznego i strukturalnego banku cyfrowych filtrów do analizy wibroakustycznej. Eksperymenty pokazały również, że możliwe jest urzeczywistnienie idei budowy modułu HARD zaproponowanej architektury DRAW-WAW i użycie jako sprzętowej bazy podzespołów typu FPGA i CPLD

5.4. Struktura blokowa modułów DRAW-WAW

Opisane wyżej eksperymenty oraz wynikające z nich obserwacje i wnioski pozwalają na przedstawienie ogólnego planu implementacji architektury DRAW na potrzeby analizy sygnałów wibroakustycznych. Zakłada ona rozłożenie całości zadań obliczeniowych pomiędzy trzy bloki wykonawcze: moduł HOST, moduł SOFT, moduł HARD.

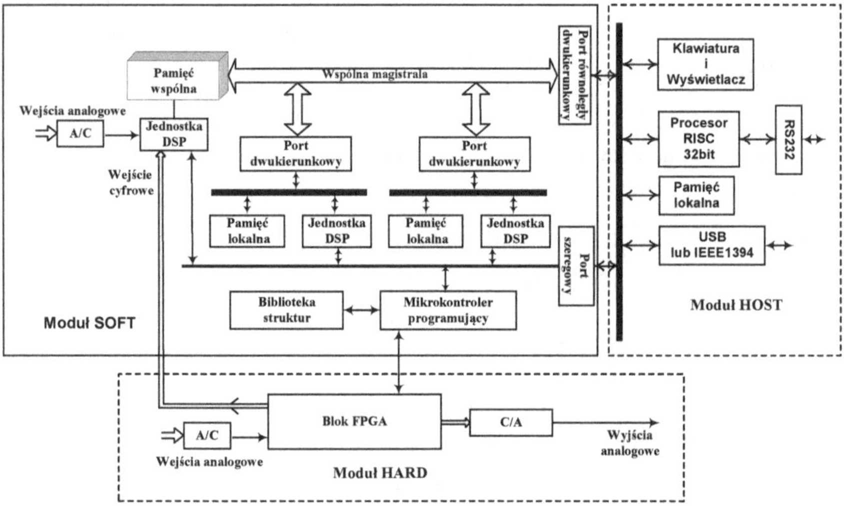

Rys. 5.12 Schemat blokowy propozycji implementacji architektury DRAW-WAW

Schemat blokowy proponowanej struktury pokazano na rys. 5.12. Ze względu, iż istotną cechą jest zastosowanie modułu w urządzeniu przenośnym, należy brać pod uwagę pobór mocy. Z tego powodu nie planowane jest wykorzystanie typowej dla komputerów klasy PC karty graficznej. W docelowej strukturze modułu HOST należy przewidzieć zastosowanie wyświetlacza LCD o rozdzielczości 640x480 punktów (zgodną ze standardem VGA). Jeżeli wymagana byłaby prezentacja wyników w wyższej rozdzielczości to moduł należy wyposażyć w uniwersalny interfejs do transmisji dużej ilości danych taki jak IEEE 1394 ewentualnie USB 2.0 i przedstawiać wyniki na zewnętrznym systemie.

Dokładnego rozważenia wymaga komunikacja z modułem SOFT. Wymiana informacji powinna odbywać się dwoma kanałami. Jeden kanał do przekazywania danych typu komendy, komunikaty i czasami oprogramowania; drugi do transmisji wyników. Dwa podstawowe czynniki, które należy wziąć pod uwagę to odpowiednia przepustowość (aby możliwa była praca w czasie rzeczywistym) i małe obciążenie obliczeniowe na potrzeby protokołu komunikacyjnego (aby moduł SOFT nie był nimi dodatkowo obciążany). Przesyłanie komend i komunikatów będzie wystarczająco efektywne przy przepustowości do kilkuset kb/s i może być zrealizowane za pomocą transmisji szeregowej, np. zgodnej z RS232 i będzie stanowiło praktycznie pomijalne obciążenie obliczeniowe. Przekazywanie wyników wymaga na pewno znacznie większych przepustowości (np. 2048 punktowe FFT w czasie 1ms, dynamice ok 90dB wymaga ok 32Mb/s). Najlepszym sposobem będzie zastosowanie techniki współdzielonej pamięci.

Wymiana informacji w postaci wyników pośrednich i końcowych następuje poprzez wspólną pamięć (niepotrzebne są obliczeniowo „chłonne" protokoły transmisji) połączoną za pomocą dwukierunkowego portu równoległego. Moduł SOFT dokonuje zmian w tej pamięci zgodnie z własnym rytmem realizacji algorytmów, zaś moduł HOST pobiera te dane w momentach gdy pamięć jest nieużywana. Możliwe jest również zastosowanie pamięci dwuportowej lub wieloportowej o dostępie jednoczesnym. Rozmiar pamięci wspólnej dobrany zostanie w zależności od wykonywanych analiz i ze względu na szybkość działania musi być pamięcią statyczną. Pamięć lokalna modułu HOST może być pamięcią dynamiczną.

Przesyłanie komend i komunikatów będzie zrealizowane za pomocą łącza szeregowego. Należy przewidzieć możliwość wymiany tego typu danych w trakcie bieżącej pracy (np. przekazanie informacji o etapie przetwarzania, błędach, gotowości

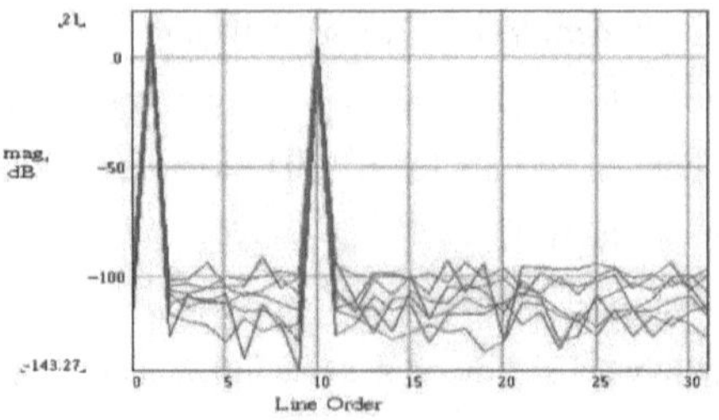

Rys. 5.13 Zestaw widm w dziedzinie rzędów dla kilku obrotów przy liniowych zmianach prędkości obrotowej

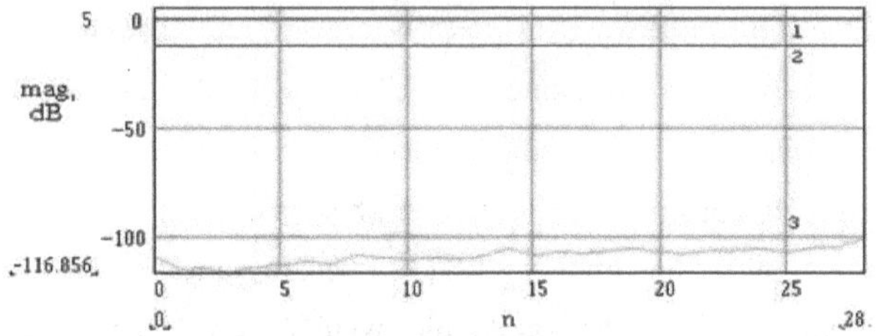

Rys. 5.14 Zależność amplitudy pierwszego rzędu (krzywa 1), dziesiątego rzędu (krzywa 2) i maksymalnej składowej szumowej numeru obrotu przy liniowych zmianach prędkości obrotowej

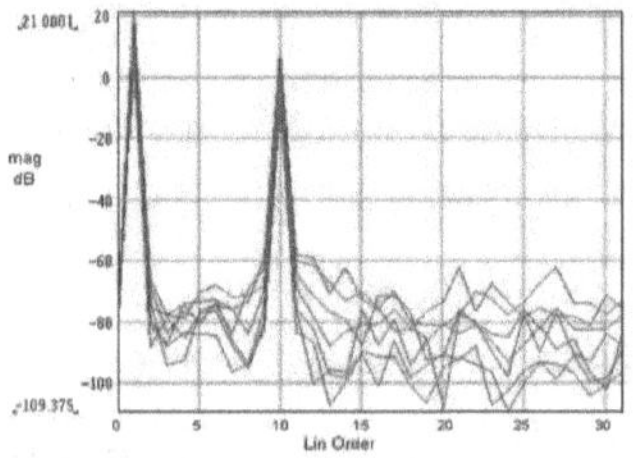

Rys. 5.15 Zestaw widm w dziedzinie rzędów dla kilku obrotów przy sinusoidalnych zmianach prędkości obrotowej

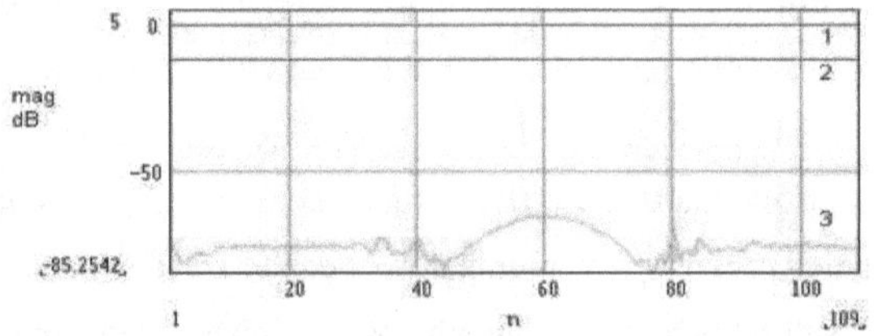

Rys. 5.16 Zależność amplitudy pierwszego rzędu (krzywa 1), dziesiątego rzędu (krzywa 2) i maksymalnej składowej szumowej numeru obrotu przy sinusoidalnych zmianach prędkości obrotowej

danych w pamięci wspólnej, poleceniach operatora). Aby umożliwić realizację koncepcji uniwersalności i „szybkiego prototypu" [18], [121] ten interfejs powinien także służyć do przesyłania informacji ustalających funkcjonalność całego systemu DRAW-WAW. Oznacza to ładowanie oprogramowania dla każdego z bloków procesorowych modułu SOFT i zestawu struktur obliczeniowych modułu HARD, przy czym moduł HOST pełni rolę układu pośredniczącego w transmisji a źródłem danych musi być zewnętrzny komputer. Ten proces jest etapem ustalenia funkcjonalności lub modyfikacji systemu obliczeniowego i wykonywany będzie poza obszarem i czasem normalnej pracy.

Moduł SOFT proponowanej architektury DRAW-WAW stanowi jej jądro. Zgodnie z przyjętymi założeniami ma on prowadzić aktywną analizę badanych sygnałów. Ma ona dwa zasadnicze cele. Pierwszy to wykonywanie części obliczeń wynikających z zastosowanych algorytmów pracujących na potrzeby realizacji zasadniczego zadania - wyznaczenie ustalonych przez operatora parametrów badanego procesu. Drugi to ustalanie konfiguracji modułu HARD: statycznie - na podstawie zadanych przez operatora funkcji, dynamicznie - na podstawie wybranych, wyznaczanych w czasie rzeczywistym parametrów obserwowanych sygnałów. Przeprowadzone analizy wskazują na dużą złożoność obliczeniową zadań wibroakustycznej analizy sygnałów oraz zapotrzebowanie na znaczną wydajność sprzętu przy pracy w czasie rzeczywistym. Potwierdza to konieczność implementacji algorytmów w rozbiciu na niezależne obliczeniowo bloki realizowane za pomocą rozproszonych struktur obliczeniowych. Biorąc pod uwagę realizację obu w/w celów moduł SOFT musi być realizowany w architekturze wieloprocesorowej. W proponowanej strukturze są to trzy jednostki DSP (tzn. procesor klasy DSP z systemem we/wy cyfrowych).

Dobór mikroprocesora, rozmiaru i typu pamięci powinien być dokonany na etapie fizycznej realizacji modułu. Główne przesłanki do wyboru procesora to koszt, pobór mocy i wydajność (porównawcze zestawienie podano w dodatku A). Przy ustalaniu rodzaju i wielkości pamięci należy uwzględnić bibliotekę zawierającą cody do programowania podzespołów FPGA z modułu HARD. Konsekwencją przyjęcia koncepcji „szybkiego prototypu" i dynamicznej rekonfiguracji algorytmów jest konieczność zastosowania wielowariantowej biblioteki struktur obliczeniowych, przy czym należy zachować możliwość ich prostej wymiany. Najlepszym wyborem będzie zastosowanie do tego celu pamięci typu FLASH charakteryzujących się dużymi pojemnościami i szybkim procesem reprogramowania. Aby nie obciążać procesorów DSP zadaniem programowania układów typu FPGA i CPLD przewidziano zastosowanie do tego celu bloku opartego o prosty mikrokontroler przyjmujący i realizujący polecenia przeładowania struktury liczącej w module HARD. Blok mikrokontrolera musi być połączony szyną programującą z modułem HARD, szyną szeregową transmisji poleceń z jednostkami procesorów i szyną szeregową transmisji poleceń i schematów struktur z modułu HOST.

Istotnym zagadnieniem realizacyjnym modułu SOFT jest jego pamięć operacyjna i pamięć programu. Zgodnie z koncepcją zaprezentowaną na rys. 5.12 składać się powinna z trzech bloków. Każdy z mikroprocesorów musi być wyposażony we własną pamięć programu, która powinna być dostępna z modułu HOST bezpośrednio lub pośrednio (w celu zapisu odpowiedniego oprogramowania). Z kolej główna pamięć modułu SOFT to pamięć współdzielona przez każdy z mikroprocesorów, w tym procesor modułu HOST. Bezpośrednie operacje na tej pamięci będzie prowadził procesor odpowiedzialny za akwizycję danych z kanałów wejściowych. Procesor ten powinien obsługiwać min. dwa kanały wejściowe z przetwornikami A/C oraz min. dwa kanały wejściowe cyfrowe niosące strumień danych z modułu HARD. Pozostałe dwa procesory DSP będą wyposażone we własne lokalne pamięci operacyjne a pamięć wspólna będzie służyła jako źródło danych do pobrania i miejsce składowaniu wyników obliczeń. Wyniki obliczeń będą pobierane z tej pamięci bezpośrednio przez procesor modułu HOST. Z wykonanych analiz wynika również, że część operacji które muszą być prowadzone z najwyższą szybkością powinny być realizowane przez specjalizowane struktury obliczeniowe. Dobrym rozwiązaniem (patrz rozdz.2) jest wykorzystanie w tym celu logicznych układów reprogramowalnych i wydzielenie pewnej klasy obliczeń do implementacji w oddzielnym module takim jak, w proponowanej architekturze DRAW-WAW moduł HARD.

Prowadzone eksperymenty objęły moduł HARD w ograniczonym zakresie. Sprawdzona i potwierdzona została możliwość tworzenia struktury obliczeniowej banku cyfrowych filtrów przy wykorzystaniu techniki AR i koncepcji pojedynczego elementu operacyjnego pracującego z podziałem czasowym. Możliwe jest więc stworzenie modułu HARD na bazie układów FPGA lub CPLD. Wnioski z badań i założenia architektury DRAW-WAW wskazują, że zastosowany może być pojedynczy podzespół z jednej z rodzin Virtex II , Spartan, Statrix lub APEX20K. Mogą one pracować z zegarami do kilkuset MHz, co jest w zupełności wystarczające na potrzeby analizy sygnałów wibroakustycznych w czasie rzeczywistym. Klasy obliczeń przewidywane do wdrożenia w ramach zadań obliczeniowych modułu HARD to bank cyfrowych filtrów do analizy pasmowej, resampling, decymacja, splot, okienkowanie, generowanie sygnałów. Do wymiany informacji z pozostałymi modułami będą służyły dwa typy połączeń. Jedno do przekazywania strumienia danych w postaci dwu lub więcej kanałów cyfrowych szeregowych lub równoległych; drugie do programowania struktur obliczeniowych. Dodatkowo moduł musi być uzupełniony o blok wejść analogowych z przetwornikami A/C. Alternatywnie (aby spełnić założenia architektury DRAW-WAW) należy dodać blok wyjść cyfrowych i analogowych z przetwornikami C/A.

Pod względem sprzętowym moduł HARD to najprostszy moduł w postaci jednego podzespołu (układu scalonego). Jednak dzięki zastosowaniu logiki reprogramowalnej będzie strukturą najbardziej elastyczną. Pełne wykorzystanie jego możliwości zdeterminowane jest zastosowaniem nowego podejścia do stosowanych metod projektowania algorytmów i struktur je realizujących jak pokazano w niniejszej pracy.

5.5. Wyniki i wnioski

1. Opracowano koncepcje struktur banku cyfrowych filtrów oparte na jednostce operacyjnej, będącej pojedynczym filtrem a pracującej w trybie multipleksowania w czasie.
2. Zaproponowano organizację pracy jednostki operacyjnej na bazie pojedynczego ogniwa niskiego rzędu stanowiącego podstawowy element umożliwiający wdrożenie idei DRAW-WAW.
3. Przytoczono charakterystykę błędów obliczeniowych wynikających ze stosowania techniki AR do realizacji cyfrowych filtrów w formie bezpośredniej i kaskadowej. Wykazano możliwość efektywnej sprzętowo i wydajnościowo implementacji banku cyfrowych filtrów w oparciu o jeden specjalnie projektowany element operacyjny. Tym sam potwierdzono poprawność algorytmów projektowania cyfrowych filtrów opracowanych pod kątem wdrażania ich za pomocą struktur typu FPGA i CPLD.
4. Przedstawiono koncepcję realizacji pełnej struktury DRAW-WAW w oparciu aktualnie dostępną gamę środków sprzętowych. Pozwoli ona na szybką konstrukcję urządzenia przenośnego (co ma podstawowe znaczenie w wibroakustycznej analizie sygnałów) i wydajności pozwalającej na pracę w czasie rzeczywistym.
5. Proponowane rozwiązania pozwalają na wdrożenie koncepcji „szybkiego prototypu", dynamicznej rekonfiguracji algorytmów i organizacji procesu obliczeniowego z zakresu cyfrowego przetwarzania sygnałów wibroakustycznych.

6. Analiza sygnałów wibroakustycznych w dziedzinie rzędów

6.1. Widmowa analiza śledząca

6.1.1. Zasady wyznaczania widma w dziedzinie rzędów

Analiza sygnałów wibroakustycznych jest wykonywana czasami [rozdz.1] jako śledząca analiza widmowa w dziedzinie rzędów. Ogólne algorytmy pracy takich przyrządów pomiarowych znane są z opracowań [102], [101], [24] wielu firm m.in., Hewlett-Packard, Bruel & Kjaer, Oros. Schemat blokowy układu wyznaczania widma rzędów pokazano na rys. 6.1.

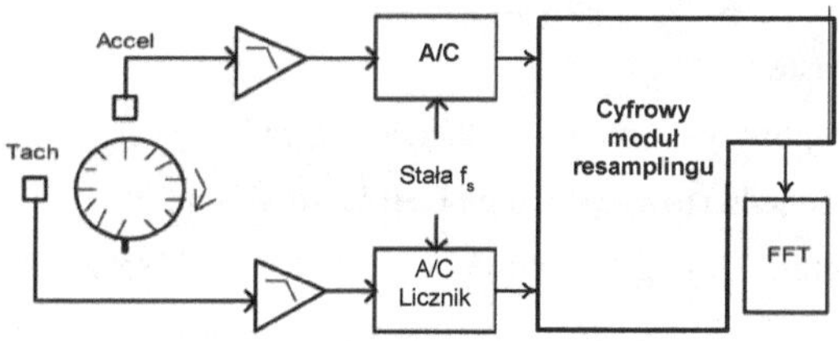

Rys. 6.1 Schemat blokowy układu wyznaczania widma rzędów

Algorytm działania takich cyfrowych przyrządów wymaga zrealizowania następujących podstawowych operacji:

a. zmierzenie czasu trwania kilku następujących po sobie obrotów (w zależności od potrzebnej rozdzielczości w widmie) za pomocą tachometru,

b. zapisanie zmierzonych ze stałą częstotliwością dyskretyzacji danych o szybkości obrotowej ze

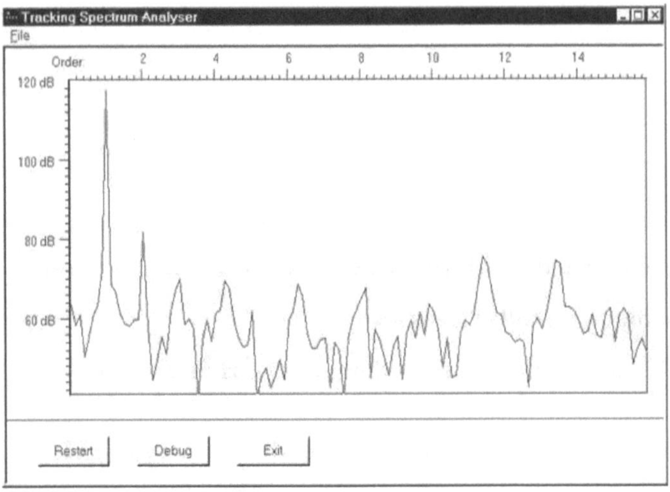

Rys. 6.2 Widmo rzędowe sygnału z generatora

wszystkich kanałów pomiarowych zebranych przez czas trwania kilku sąsiednich obrotów,

c. wyliczenie chwil czasu, odpowiadających jednakowym kątowym przemieszczeniom obracającego się obiektu, zgodnie z przyjętym modelem zmian kątowej szybkości obrotowej w czasie,

d. odtworzenie amplitudy sygnałów z kanałów pomiarowych w momentach czasu, odpowiadających jednakowym kątom przemieszczeniom,

e. wyznaczenie amplitudowego spektrum sygnałów czy też spektralnej gęstości mocy za pomocą szybkiej transformaty Fouriera (FFT) lub innego dowolnego przekształcenia.

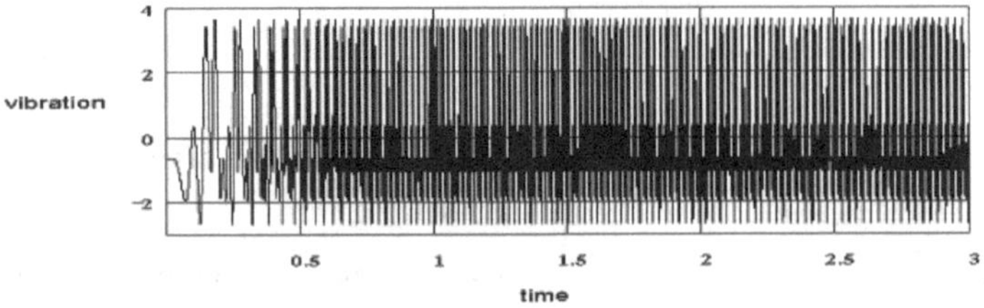

Rys. 6.3 Sygnał wibracji odpowiadający maszynie z 24 sekcjami stojana

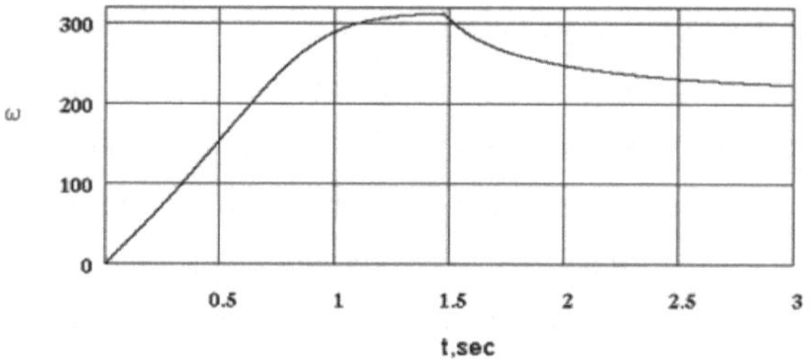

Rys. 6.4 Zmiany prędkości obrotowej badanego silnika

Najtrudniejszą operacją jest odtworzenie amplitudy sygnału w momentach czasowych odpowiadających jednakowym kątowym przesunięciom, z dokładnością pozwalającą na uzyskanie wymaganej dynamiki widma. W pracach [102], [101] firmy

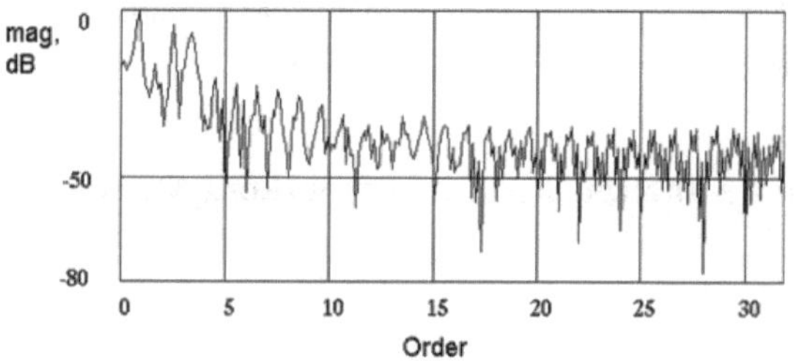

Rys. 6.6 Zmiany prędkości obrotowej badanego silnika w czasie

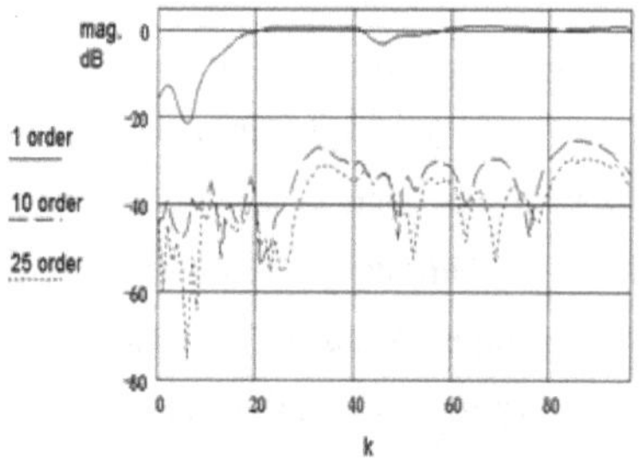

Rys. 6.5 Amplitudy prążków 1-szego, 10-tego i 25-tego w czasie 100 obrotów

Hewlett-Packard w celu odtworzenia amplitudy sygnału stosowany był filtr interpolujący w dziedzinie czasu. Główną wadą takiego podejścia jest to, że w każdym nowym odczytanym punkcie, odpowiadającym tym samym kątom przemieszczeń, charakterystyka amplitudowo-częstotliwościowa filtru zostaje niezmienna, w sytuacji, gdy przy rozruchu maszyny częstotliwość graniczna filtru powinna przesuwać się w stronę wysokich częstotliwości, a przy hamowaniu – w stronę niskich częstotliwości. Ta właściwość w/w metody powoduje występowanie stałego nieusuwalnego błędu ograniczającego dynamikę metody.

Specjaliści firmy Bruel & Kjaer w celu otrzymania amplitudy sygnału stosują inne [24] rozwiązanie: decymację i interpolację z niecałkowitymi krotnościami. Przy takim podejściu współczynnik decymacji musi się zmieniać w przypadku niestacjonarnej częstotliwości obrotu wirnika silnika, przy czym istnieje problem ustalenia bieżącej, żądanej wielkości współczynnika decymacji, który będzie zależeć od dynamiki konkretnej maszyny. W dalszej części opisano algorytm wyznaczania widma rzędów przy wykorzystaniu filtracji prowadzonej w dziedzinie drogi kątowej niwelującej problemy występujące w wymienionych metodach.

6.1.2. Widmowa analiza śledząca przy wykorzystaniu filtru niskich rzędów

Widmowa analiza śledząca jest szczególnie istotna przy ocenie stanu dużych maszyn wirujących. Wady klasycznych już, w/w metod pomiarów implikowały pojawienie się szeregu ich udoskonaleń [90], [89], [92], [139]. Kluczowymi punktami algorytmu analizy widma w dziedzinie rzędów jest wyznaczenie momentów czasu odpowiadających jednakowym kątowym przemieszczeniom a następnie wartości prędkości obrotowej w tych chwilach czasowych. W wykorzystanej metodzie [90], [89] zastosowano odcinkowo-liniowy wariant modelu zmian szybkości obrotowej obiektu w czasie . Jako odcinek czasu, w którym przyjęto założenie stałego przyśpieszenia kątowego wybrano czas upływający przy przejściu przez trzy kolejne punkty fazowe.

Aby uniknąć wad opisanych wyżej metod, zastosowano inny sposób

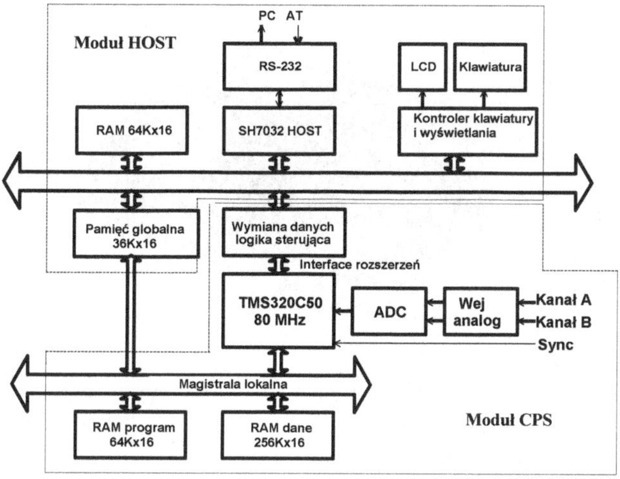

Rys. 6.7 Schemat blokowy analizatora widma

odtworzenia amplitudy sygnału w żądanych chwilach czasowych. Opiera się on na wykonaniu cyfrowej filtracji w dziedzinie drogi kątowej. Żądane chwile czasowe to momenty czasu odpowiadające jednakowym kątowym przemieszczeniom. Pierwszym etapem opisywanego algorytmu jest ich wyznaczenie. W $[j+1]$ segmencie obrotu pomiędzy fazowymi punktami $[j+1]$ i $[j+2]$ wyznaczane są one na podstawie wzoru:

$$t_i=\frac{-T_{j+1}^2+T_j^2}{2(T_j-T_{j+1})}\pm\sqrt{\left(\frac{T_{j+1}^2+T_j^2}{2(T_j-T_{j+1})}\right)+\frac{i}{N}\,\frac{(T_{j+1})T_j\,T_{j+1}}{T_j-T_{j+1}}},\qquad(6.1)$$

gdzie Tj odległość czasu pomiędzy j -tym i $[j+1]$ -szym punktem fazowym, N – liczba odtwarzanych punktów, i – numer kolejnego wyznaczanego punktu $i=\overline{0,N-1}$.

W wyrażeniu (6.1) przed pierwiastkiem kwadratowym stosujemy znak plus przy rozruchu obiektu a minus przy hamowaniu obiektu. Kolejnym krokiem jest ustalenie wartości prędkości obrotowej dla każdego wyliczonego punktu. Szukane wielkości można obliczyć za pomocą filtru interpolacyjnego w postaci filtru niskich rzędów (FNRZ).

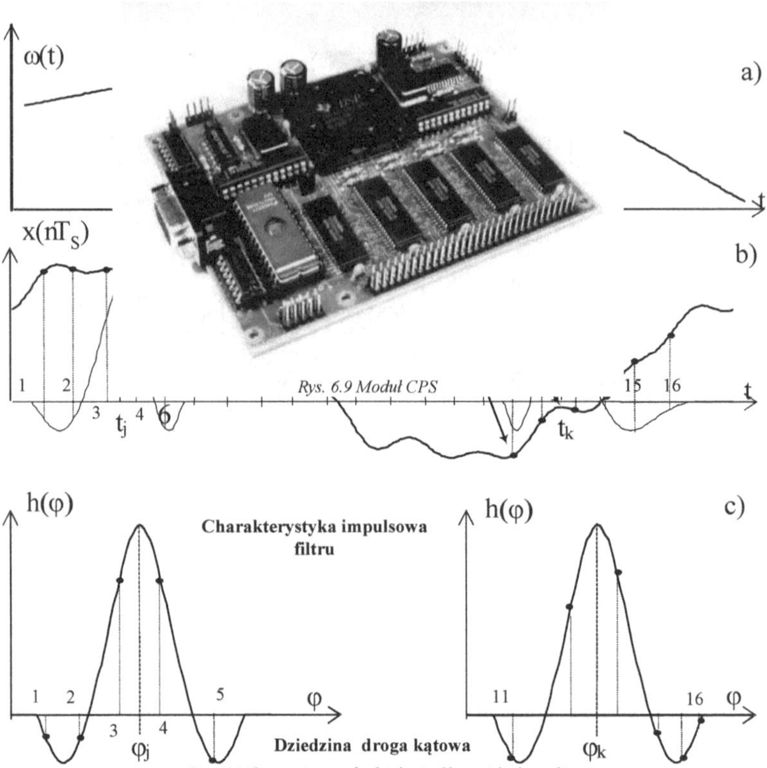

Rys. 6.9 Moduł CPS

Rys. 6.8 Ilustracja zasady działania filtru niskich rzędów

6.2. Synteza filtru niskich rzędów

Zasadę działania filtru interpolującego ilustruje rys. 6.8. Na rys. 6.8a przedstawiono zależność prędkości obrotowej obiektu od czasu. Na rys. 6.8b pokazano dane $x(nT_S)$, wczytane ze stałą częstotliwością dyskretyzacji (T_S=const.) i dwa momenty czasu t_j i t_k, w których należy obliczyć (odtworzyć) wartość sygnału wejściowego.

W tym celu obliczamy wartości kątów obrotu silnika, w momentach czasu od 1 do 5 i od 11 do 16. Następnie środek charakterystyki impulsowej interpolującego filtru $h(\varphi)$ umieszcza się w odtwarzanym momencie czasu i oblicza się wartość sygnału w *i*-tym punkcie jako sumę sąsiednich wartości sygnału, zmierzonych ze stałą częstotliwością dyskretyzacji ważonych odpowiadającymi im wartościami charakterystyki impulsowej. Charakterystyka impulsowa interpolującego filtru w dziedzinie kątów obrotu będzie pozostawać symetryczna i mieć stałą długość (rys. 6.8c), zaś w dziedzinie czasu jej długość i symetria będą zmieniać się (rys. 6.8b).

Szukany filtr FNRZ powinien spełniać poniższe podstawowe wymagania (założenia).

1). Graniczny rząd filtru powinien być ustalany na podstawie maksymalnego, interesującego nas rzędu. Przy tym zaleca się zastosowanie wstępnego filtru antyaliasingowego w postaci analogowego filtru niskich częstotliwości, ze stałą częstotliwością graniczną. W ogólnym przypadku normalizowany rząd graniczny FNRZ można wyrazić równaniem $p_g = 2p_{max}/(NL)$, gdzie p_{max} - maksymalny rząd w widmie sygnału, $N \cdot L$ – ogólna liczba punktów FFT (liczba odtworzonych punktów dla jednakowych kątowych przemieszczeń).

2). Wymagania określające nierównomierność charakterystyki w paśmie przepuszczania i wartość tłumienia w paśmie zaporowym wyznaczone zostaną na podstawie pożądanej dynamiki widma amplitudowego (widma mocy) sygnału. Ze względu na to iż, w czasie pojedynczego obrotu wartość przyspieszenia kątowego w ogólnym przypadku może zmieniać się to nierównomierność charakterystyki amplitudowo-rzędowej w paśmie przepuszczania będzie postrzegana jako szum, którego bez znajomości funkcji zmian przyspieszenia nie da się skompensować. Dlatego równanie opisujące nierównomierność charakterystyki zostanie ustalone zgodnie z żądanym zakresem dynamiki widma sygnału. Niech żądany zakres będzie nie mniejszy niż D_T [dB], wtedy wymaganą nierównomierność charakterystyki można ustalić wyrażeniami:

$$\delta_1 = \pm 100\% * 10^{-D_T/20}, \tag{6.2}$$

$$\delta_2 = \pm 20\log(1 - 10^{-D_T/20}). \tag{6.3}$$

Jako przykład wyznaczano wartości nierównomierności przy dynamice widma równej 70 dB. Wartości wyznaczone przy pomocy wyrażeń (6.2), (6.3) to: $\delta_1 = \pm 0{,}032\%$ lub $\delta_1 = \pm 0{,}003$ dB. Tłumienie w paśmie zaporowym należy wybrać także nie mniejsze niż wartość D_T

3). Współzależności pomiędzy szerokością pasma przepuszczania, tłumienia i zakresu przejściowego należy ustalać tak aby potrzebna była jak najmniejsza ilość punktów charakterystyki impulsowej, ponieważ ta liczba ustala obliczeniową złożoność algorytmu. Liczba ta będzie tym mniejsza im szersze będzie pasmo przepuszczania. Z drugiej strony szersze pasmo oznacza większy zakres częstotliwości lub rzędów w którym błędy nie będą wystarczająco tłumione. Tą zależność należy koniecznie uwzględnić przy wyliczaniu widma.

Synteza FNRZ została przeprowadzona zgodnie z wyżej omówionymi założeniami. Zastosowano metody używane przy projektowaniu tradycyjnych filtrów cyfrowych. Poniżej przedstawiono krótką analizę tych metod z punktu widzenia użycia ich do syntezy cyfrowego filtru FNRZ.

Filtr FNRZ ma skończoną charakterystykę impulsową (FIR-Finite Impulse Response). W związku z tym analizowano metody syntezy filtrów FIR. Aby wyznaczyć współczynniki filtru konieczne jest wykonanie poszczególnych etapów projektowania:

1. Wybrać funkcję $B(\omega, c)$, aproksymującą zadaną charakterystykę częstotliwościową $A(\omega)$. We wprowadzonych oznaczeniach ω - pulsacja, $\boldsymbol{c}$ – wektor współczynników równania aproksymującego.
2. Wybrać kryterium aproksymacji.
3. Rozwiązać zadanie aproksymacji (obliczyć wektor współczynników filtru $\boldsymbol{c}$).

Analiza literatury [80], [123], [112], [138] pokazała, że funkcja aproksymująca najczęściej ma postać liniowej zależności od wektora $\boldsymbol{c}$:

$$B(\omega, c)=\sum_{l=0}^{k} c_l f(\omega). \tag{6.4}$$

Oznaczając ω_1 i ω_2 – graniczne wartości podinterwałów częstotliwości, dla których ustala się charakterystykę częstotliwościową filtru, $q(\omega)$ – wagowa funkcja aproksymacji ustalająca wymagania dokładności aproksymacji $A(\omega)\approx B(\omega, c)$, kryteria jakości aproksymacji przyjmą postać:

kryterium najlepszego przybliżenia Czebyszewa

$$q(\omega)|A(\omega)-B(\omega)| \to min\ dla\ \omega_1 < \omega < \omega_2. \tag{6.5}$$

kryterium średniokwadratowe

$$\int_{\omega_1}^{\omega_2} q(\omega)[A(\omega)-B(\omega)]^2 d\omega \rightarrow min, \quad (6.6)$$

Wśród metod rozwiązania zadania aproksymacji stosuje się:

1) rozłożenie aproksymującej funkcji w szereg Fouriera,

2) metodę najmniejszych kwadratów,

3) metodę aproksymacji równomiernej (Czebyszewa),

4) metodę okna.

W wyniku operacji wyznaczenia funkcji aproksymującej otrzymujemy współczynniki impulsowej charakterystyki filtru. Na początek ustala się wstępną funkcję aproksymującą. Dalsze postępowanie zależy od wybranych kryteriów poprawności aproksymacji. Przy kryterium błędu średnio-kwadratowego, stosuje się metodę najmniejszych kwadratów i metodę rozwinięcia w szereg Fouriera, dla kryterium Czebyszewa stosuje się algorytm Remeza [138], [112].

Porównawcza analiza metod aproksymacji pokazuje, że metoda rozwinięcia w szereg Fouriera daje bardzo słabą dokładność i jej stosowanie racjonalne jest tylko w tych przypadkach, kiedy trudno zastosować inne metody (np., przy bardzo wysokich rzędach projektowanych filtrów). Metoda najmniejszych kwadratów posiada większą dokładność, niż metoda rozwinięcia w szereg Fouriera, ale gorszą, niż metoda rozkładu Czebyszewa. Metoda najmniejszych kwadratów racjonalnie stosuje się w przypadku konieczności uwzględnienia dodatkowych ograniczeń na współczynniki filtru. Metoda najlepszego równomiernego przybliżenia pozwala na uzyskanie zadanego bezwzględnego błędu w pasmach przepuszczania i tłumienia przy filtrze minimalnego rzędu. W każdym przypadku należy uwzględnić, że zwiększenie ilości współczynników filtru prowadzi do zwiększenia obliczeniowej złożoności algorytmu odtworzenia amplitudy sygnału (w przypadku, jeśli nie stosuje się tablicowych metod ustalenia wartości charakterystyki impulsowej). Poza tym, optymalny filtr, wyznaczony w oparciu o metodę najlepszego równomiernego przybliżenia przy takich samych oscylacjach w paśmie przepuszczania i tłumienia ma najbardziej stromą charakterystykę (w porównaniu z innymi metodami), co pozwala zmniejszyć część częstotliwościowego czy rzędowego spektrum sygnału, w którym nie jest gwarantowane wymagane tłumienie. W oparciu o przedstawione rozważania do przeprowadzenia syntezy filtru została wybrana metoda najlepszego równomiernego przybliżenia Czebyszewa i algorytm Remeza.

Po wyznaczeniu dyskretnej charakterystyki impulsowej konieczne jest ustalenie wyrażenia opisującego ciągłą charakterystykę impulsową FNRZ poprzez wykorzystanie interpolacji trygonometrycznej [138], którą przyjęto w poniższej postaci:

$$h(\varphi)=\frac{a_0}{2}+\sum_{l=1}^{(N_h-1)/2}\left[a_l\cos\left(2\pi l\frac{\varphi}{\theta_d N_h}\right)+b_l\sin\left(2\pi l\frac{\varphi}{\theta_d N_h}\right)\right], \qquad (6.7)$$

gdzie $\theta_d=2\pi/(NL)$ – okres (kąt) dyskretyzacji, N_h – liczba punktów aproksymującej charakterystyki impulsowej, φ - kąt ciągły $(0<\varphi<\theta_d N_h)$, h_i- i-ta wartość charakterystyki oraz

$$a_l=\frac{2}{N_h}\sum_{i=0}^{N_h-1}h_i\cos\left(2\pi l\frac{i}{N_h}\right), \qquad (6.8)$$

$$b_l=\frac{2}{N_h}\sum_{i=0}^{N_h-1}h_i\sin\left(2\pi l\frac{i}{N_h}\right). \qquad (6.9)$$

6.3. Wyznaczanie widma w dziedzinie rzędów

6.3.1. Algorytm wyznaczania widma w dziedzinie rzędów

Podstawową częścią algorytmu wyznaczania widma rzędowego jest odtworzenie amplitudy sygnału prędkości obrotowej w wyliczonych momentach czasu. W analizowanej metodzie odbywa się to za pomocą cyfrowej filtracji w dziedzinie rzędów prowadzonej w następujący sposób [90], [89]:

1. Na bazie przyjętego liniowego modelu obrotu i zakładając, że środek impulsowej charakterystyki filtru niskich rzędów (FNRZ) znajduje się w odtwarzanym punkcie, wyznaczamy kąt od początku j-tego obrotu w chwili t_i:

$$\varphi_{t_i}=\omega_{0j}t_i+\varepsilon t_i^2/2, \qquad (6.10)$$

gdzie ω_{0j} – szybkość obrotowa obiektu na początku j-ego przedziału czasu tj., pomiędzy fazowymi znacznikami $[j]$ i $[j+1]$ ε - przyśpieszenie, t_i – czas od początku j-go przedziału czasu, odpowiadający takim samym kątom obrotu dla i-tego odtworzonego punktu.

2. Dla najbliższych punktów, zmierzonych ze stałym okresem dyskretyzacji, odczytujemy bieżący kąt od początku j-go odcinka czasu:

$$\varphi(n\Delta t)=\omega_{0j}nT+\varepsilon\frac{(n\Delta t)^2}{2}, \tag{6.11}$$

gdzie Δt– okres dyskretyzacji. Jeśli punkt n odnosi się do $[j-1]$ przedziału czasu (poprzedzającego przedział j), to:

$$\varphi(n\Delta t)=-2\pi+\omega_{0j-1}n\Delta t+\varepsilon\frac{(n\Delta t)^2}{2}. \tag{6.12}$$

Przy tym należy sprawdzić czy odległość kątowa między odtwarzanym punktem a punktem aktualnie rozpatrywanym nie przekracza połowy długości charakterystyki impulsowej. Długość charakterystyki impulsowej FNRZ równa się $\varphi_h=2\pi(N_h-1)/NL$, gdzie N_h – liczba punktów charakterystyki impulsowej FNRZ. Zatem musi być spełniona nierówność:

$$-\pi\frac{(N_h-1)}{NL}\leq\varphi(n\Delta t)-\varphi_{t_i}\leq\pi\frac{(N_h-1)}{NL}. \tag{6.13}$$

3. Dla punktów, wziętych ze stałą częstotliwością dyskretyzacji ustalamy wartość impulsowej charakterystyki FNRZ w momencie odpowiadającemu odległości kątowej wyznaczonej w pkt.2 :

$$\varphi_{t_i}(n\Delta t)=\frac{NL}{N_h}\left(\pi\frac{(N_h-1)}{NL}-\varphi_{t_i}+\varphi(n\Delta t)\right), \tag{6.14}$$

$$h_{t_i}(n\Delta t)=\frac{a_0}{2}+\sum_{l=1}^{(N_h-1)/2}\left[a_l\cos\left(l\varphi_{t_i}(n\Delta t)\right)+b_l\sin\left(l\varphi_{t_i}(n\Delta t)\right)\right], \tag{6.15}$$

gdzie współczynniki a_l i b_l wyznaczone na podstawie, odpowiednio wyrażeń (6.8) (6.9)

4. Odtwarzaną wartość sygnału y_{t_i} w wyznaczonym i-tym punkcie wyznaczamy jak średnią ważoną wartości sygnału, wziętych ze stałą częstotliwością dyskretyzacji:

$$y_{t_i} = \frac{\sum_n h_{t_i}(n\Delta t) x(n\Delta t)}{\sum_n h_{t_i}(n\Delta t)}, \qquad (6.16)$$

gdzie $x(n\Delta t)$ – wartości sygnału wejściowego, wzięte ze stałą częstotliwością dyskretyzacji. W wyrażeniu (6.16) sumowanie robi się dla wszystkich n, dla których spełniona jest nierówność (6.13).

Otrzymane wartości muszą zostać skorygowane o współczynnik równy odwrotności sumy wartości punktów charakterystyki impulsowej w momencie czasu t_i. Ta korekcja jest niezbędna aby uwzględnić zmianę długości charakterystyki impulsowej FNRZ w dziedzinie czasu. Filtr FNRZ bez zniekształceń przepuszcza składową stałą (co jest warunkiem koniecznym).

6.3.2. Badanie zachowania filtru niskich rzędów w dziedzinie częstotliwości i dziedzinie rzędów

W celu zbadania zachowania zaprojektowanego filtru w dziedzinie częstotliwości zostanie wyprowadzone równanie opisujące opracowany system [109] cyfrowej obróbki sygnału [89]. Przy czym konieczne jest sprawdzenie faktu czy charakterystyka częstotliwościowa i impulsowa w dziedzinie czasu takiego systemu będzie zmieniać się dla każdego nowego obliczonego momentu czasu t_i. Taka zmienność będzie oznaczać, że proponowane rozwiązanie daje niezbędne w analizie śledzącej zmiany charakterystyk w zależności od sygnału wejściowego.

Wyjściowe charakterystyki niezmienne, w dziedzinie drogi kątowej i dziedzinie rzędów pokazano na rys. 6.10 i rys. 6.11.

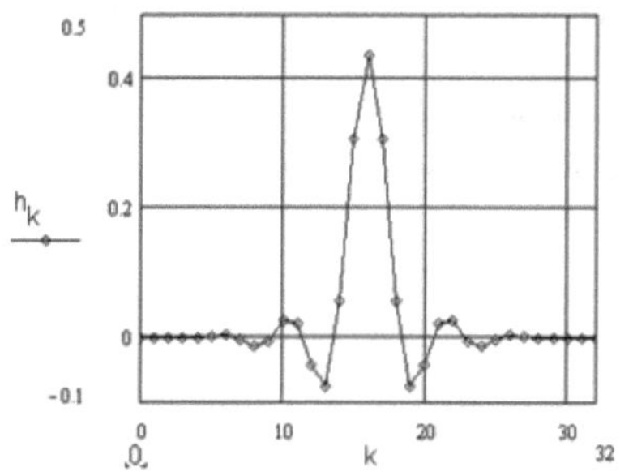

Rys. 6.10 Charakterystyka impulsowa FNRZ w dziedzinie drogi kątowej

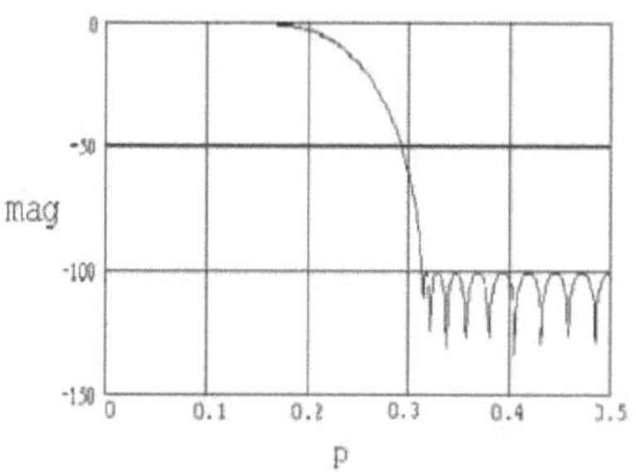

Rys. 6.11 Charakterystyka amplitudowa FNRZ, p-normalizowany rząd

Aby wyznaczyć częstotliwościową charakterystykę FNRZ zastosowano przekształcenie Fouriera:

$$H_{t_i}(e^{i\omega\Delta t})=\sum_{n=0}^{\infty} h_{t_i}(n\Delta t)e^{-in\omega\Delta t}. \qquad (6.17)$$

Uwzględniając, że FNRZ posiada w dziedzinie czasu skończoną charakterystykę impulsową, z (6.19) otrzymujemy:

$$H_{t_i}(e^{i\omega\Delta t})=\sum_{n=0} h_{t_i}(n\Delta t)e^{-in\omega\Delta t}, \qquad (6.18)$$

gdzie sumowanie w (6.19) odbywa się po n spełniających nierówność (6.14), zaś $h_{ti}(n\Delta t)$ wyznacza się zgodnie z (6.13). Z wyrażenia (6.19) wynika, że współczynnik przenoszenia filtru k_{ti} przy częstotliwości $\omega=0$ wynosi $k_{t_i}=\sum_{n} h_{t_i}(n\Delta t)$.

Otrzymany rezultat zgadza się z przedstawionymi wyżej wyrażeniami (6.15), (6.16) i pokazuje, że wartość współczynnika przenoszenia FNRZ k_{ti} przy częstotliwości $\omega=0$ będzie zmieniać się w zależności od momentu czasu t_i, a także będzie zmieniać się w zależności od przyjętego modelu funkcji zmian prędkości obrotowej w czasie.

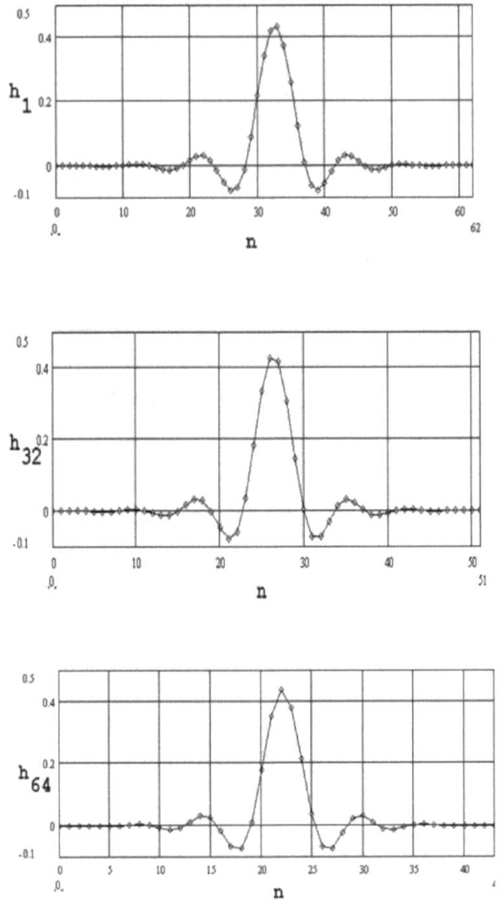

Rys. 6.12 Charakterystyki impulsowe FNRZ w dziedzinie czasu

Na rys.6.12 pokazano charakterystyki impulsowe FNRZ w dziedzinie czasu dla sygnału $N=64$, $\omega_0=0$, $\varepsilon=200\ rad/sec^2$, $N_h=33$, $T=10^{-3}sec$. Na rysunkach przyjęto następujące oznaczenia: n – numer odczytu, h_1, h_{32} i h_{64} – odpowiednio impulsowe charakterystyki FNRZ w dziedzinie czasu dla 1-go,

32-go i 64-go odtworzonego punktu dla równych kątowych przemieszczeń w trakcie drugiego obrotu. Z rys.6.12 wynika, że przy rozruchu obiektu długość charakterystyki impulsowej w dziedzinie czasu (liczba punktów ze stałą częstotliwością dyskretyzacji, obejmowanych przez charakterystyką impulsową) zmniejsza się i charakterystyka jest niesymetryczna.

Charakterystyki częstotliwościowe pokazano na rys. 6.13. Przyjęto następujące oznaczenia:*w*-częstotliwość normalizowana względem częstotliwości próbkowania, *mag*-amplituda normalizowana wartością k_{ti} rysowana w skali logarytmicznej.

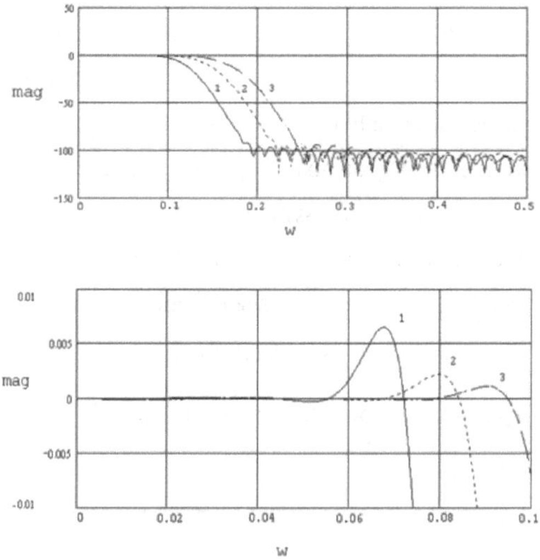

Rys. 6.13 Charakterystyki amplitudowo-częstotliwościowa FNRZ

Krzywe 1, 2, 3 odpowiadają odpowiednio 1-mu, 32-mu i 64-mu wyznaczonym punktom. Wszystkie punkty odtwarzano w trakcie drugiego obrotu.

Z rysunku 6.13 widać, że amplitudowo-częstotliwościowa charakterystyka FNRZ ma zmienną częstotliwość graniczną, przy czym ta częstotliwość przesuwa się w obszar wysokich częstotliwości w następstwie rozbiegu obiektu. Oznacza to, że opracowany filtr automatycznie nadąża za zmianami szybkości obracania się osi obiektu.

Przedstawiona metoda odtwarzania amplitudy sygnału za pomocą FNRZ cechuje się tym, iż praca filtru odbywa się w dziedzinie drogi kątowej, gdzie ma on niezmienną charakterystykę [113]. Eliminuje to błędy metodologiczne występujące we metodach przedstawionych w pkt. 6.1.1. Dodatkową zaletą jest to, że do dalszej obróbki będzie wydzielona tylko ta część widma, która nas interesuje. Pokazane właściwości uzasadniają stwierdzenie, że filtr pracujący w dziedzinie rzędów automatycznie nadąża za zmianami prędkości obrotowej zgodnie z przyjętym modelem jej zmian w czasie. Przy tym długość charakterystyki impulsowej FNRZ, przeliczona w dziedzinę czasu, zmienia się (w przeciwieństwie do charakterystyki w dziedzinie drogi kątowej), a klasyczna charakterystyka amplitudowo-częstotliwościowa ma częstotliwość graniczną, automatycznie śledzącą zmiany szybkości obracania się osi obiektu.

W celu sprawdzenia poprawności wyznaczania widma w dziedzinie rzędów przeprowadzono badania przy symulacji liniowej i sinusoidalnej zmianie częstotliwości sygnału wejściowego. Jako sygnał testowy zastosowano przebieg zawierający podstawową i 10-tą harmoniczną opisany równaniem:

$$y(t)=\sin[\varphi(t)]+0{,}25\sin[10(\varphi(t))], \tag{6.19}$$

gdzie $\varphi(t)=\omega t+\epsilon t^2/2$ przy zależności liniowej (rys. 6.14), $\varphi(t)=\omega_k t+\frac{a}{b}\cos(at)+\frac{a}{b}$ przy zależności sinusoidalnej (rys. 6.15).

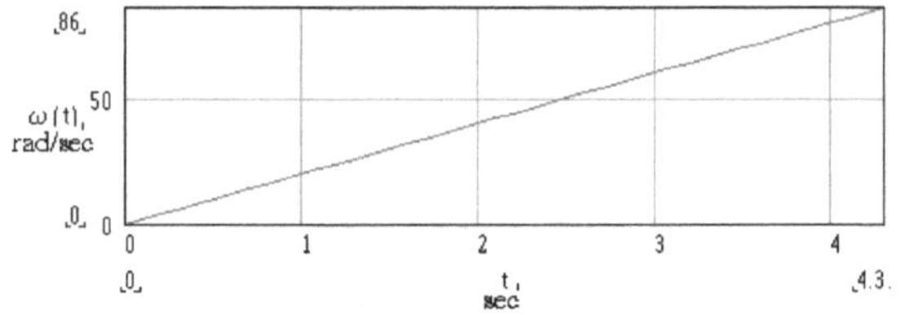

Rys. 6.14 Liniowy przebieg zmian szybkości obrotowej

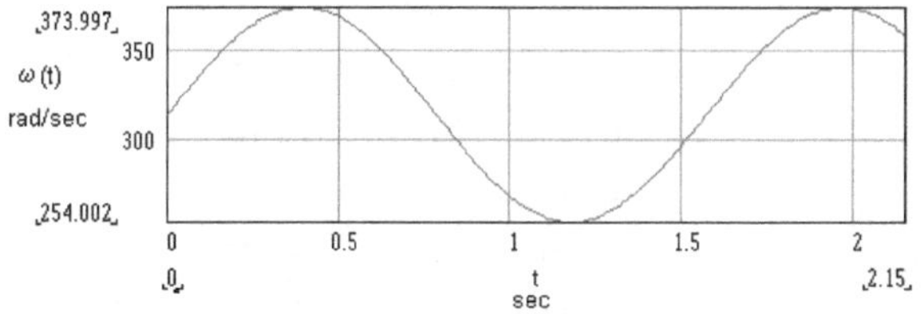

Rys. 6.15 Sinusoidalny przebieg zmian szybkości obrotowej

Dla sygnału sinusoidalnego ustalono *ω=314 rad/sek, b= 4 1/sek, a= 60 1/sek*. Symulacje wykonano dla filtru zaprojektowanego w oparciu o następujące założenia: tłumienie w paśmie zaporowym -120 dB, nierównomierność w paśmie przepuszczania δ=0,001[dB], normalizowany rząd graniczny - 0,31 a rezultaty przedstawiono przy liczbie punktów FFT – 64. Wyniki uzyskane dla liniowej zmiany częstotliwości pokazano na rys. 5.13, 5.14 , zaś dla sinusoidalnej na rys.5.15, 5.16.

Rezultaty modelowania pokazują, że opracowana metoda charakteryzuje się stabilnością amplitudy i położenia linii spektralnych, niezależnie od trybu pracy obiektu (rozruchu lub hamowania), także przy nieliniowej zależności prędkości obrotowej obiektu od czasu. Przy nieliniowej zależności widoczne jest zwiększenie się składowej szumowej. Wynika to z modelu zmian prędkości obrotowej nieprzystającego do stanu rzeczywistego. Zakres dynamiki uzyskiwany w proponowanej metodzie, mocno zależy od dokładności ustalenia czasu trwania obrotu. Przykładowe, zbadane zmiany zakresu dynamiki $D_{min}=20\lg(Z_1/Z_{max})$, ($Z_1$ - amplituda 1-szej harmonicznej, Z_{max} – maksymalna amplituda z pozostałych) w zależności od błędu pomiaru czasu trwania jednego obrotu podano w tabeli 6.1. Rezultaty modelowania potwierdzają konieczność wykonywania pomiaru czasu trwania obrotów z wysoką dokładnością.

$\delta[\%]$	$D_{min}[dB]$
0,1	-22
0,01	-43
0,001	-62
0,0001	-81
0,00001	-100

Tabela 6.1 *Zależność zakresu dynamiki od błędu pomiaru czasu trwania obrotu*

Drugim ważnym wskaźnikiem jakości analizy spektralnej jest dokładność ustalenia amplitudy (mocy) spektralnych linii w zależności od błędu ustalenia czasu trwania obrotu. Rezultaty modelowania pokazano w tabeli 6.2

δ	α_1	α_{10}
0,1	-1,3	0,55
0,01	-0,34	$6,5\ 10^{-2}$
0,001	$-4,2\ 10^{-3}$	$3,5\ 10^{-3}$
0,0001	$-6,1\ 10^{-3}$	$4\ 10^{-4}$
0,00001	$-2,3\ 10^{-3}$	$1\ 10^{-4}$

Tabela 6.2 *Zależność dokładności*

Rezultaty modelowania pokazują, że wpływ błędu pomiaru czasu trwania obrotu na dokładność obliczenia amplitudy spektralnych linii jest zauważalny przy błędach większych niż 0,001%. Należy zauważyć, że nierównomierność charakterystyki filtru w paśmie przepuszczania wynosi ±0,001% i uzyskanie bardziej precyzyjnej oceny wymaga zastosowania metod statystycznych.

6.4. Ocena złożoności obliczeniowej algorytmu wyznaczania widma rzędowego

Pełny algorytm wyznaczania widma rzędowego obejmuje ciąg operacji opisanych w pkt. 6.1. Najistotniejszymi, newralgicznymi etapami algorytmu są operacje wykonania punktów c) i d) i to w tych momentach występują zasadnicze różnice między poszczególnymi rozwiązaniami. Te etapy przetwarzania są również krytyczne z punktu widzenia złożoności obliczeniowej a więc i szybkości pracy. Wymagana rozdzielczość i zakres potrzebnego do obserwacji widma ustala liczbę punktów N (czyli ilość chwil czasu do wyliczenia) użytych do wyznaczenia transformaty FFT. Wymienione parametry ustalają, zatem obliczeniową złożoność algorytmu.

Podana metoda odtwarzania amplitudy przy użyciu FNRZ wymaga wykonania złożonych czasochłonnych obliczeń. W celu zmniejszenia czasu odwzorowania amplitudy sygnału za pomocą filtru interpolacyjnego w pamięci analizatora można przechowywać tablicę impulsowej charakterystyki filtru. Dla otrzymania maksymalnej szybkości ustalenia żądanej wartości odczytu impulsowej charakterystyki trzeba stosować interpolację zerowego rzędu (t.j. odczyt impulsowej charakterystyki w żądanym momencie czasu należy po prostu wybrać z tablicy).

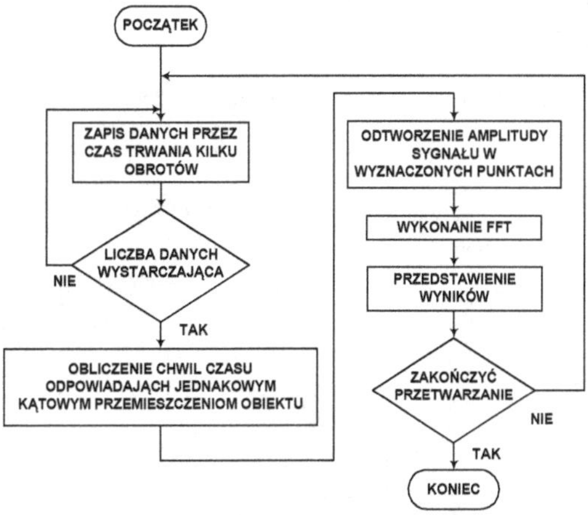

Rys. 6.16 Algorytm analizy śledzącej w dziedzinie rzędów

Przy małych prędkościach obrotowych obiektu interesujące nas widmo będzie mieściło się w obszarze niskiej częstotliwości, zaś przy dużych prędkościach w obszarze wysokiej częstotliwości. W związku z tym przy stosowaniu filtru interpolacyjnego do odtwarzania sygnału w zakresie niskich prędkości obrotowych konieczne jest wykonanie wstępnej niskoczęstotliwościowej filtracji (aby wykluczyć efekt nakładania się widm) i przerzedzania (zmniejszenia częstotliwości) wejściowych sygnałów z kanałów pomiarowych (t.j. wykonanie decymacji sygnału z czujników). Oznacza to konieczność wykonania wielostopniowej decymacji. Każdy stopień składa się z modułu przerzedzania i filtru dolnoprzepustowego.

Schemat blokowy algorytmu przedstawiono na rys. 6.16. Proces obliczeniowy prowadzący do wyznaczenia widma w dziedzinie rzędów, z punktu widzenia organizacji obliczeń składa się z następujących zasadniczych etapów: wstępna obróbka sygnału polegająca na zbieraniu danych ze stałą w czasie częstotliwością próbkowania i wykonanie (w sytuacji małej prędkości obrotowej) przerzedzania sygnału; wyznaczenie chwil czasu odpowiadających stałym przesunięciom kątowym; wyznaczenie wartości sygnału próbkowanego w wyliczonych momentach czasu; wykonanie transformaty FFT.

Oszacowanie ilości operacji do wykonania w czasie trwania jednego obrotu obiektu przedstawiono w tabeli 6.3. W prezentowanej tablicy przyjęto następujące oznaczenia: N – liczba odtwarzanych punktów w trakcie jednego obrotu; m – liczba pomiarów ze stałą częstotliwością dyskretyzacji, „pokrytych" impulsową charakterystyką interpolującego filtru; N_h- liczba punktów charakterystyki impulsowej interpolującego filtru; N_d- liczba współczynników filtru decymacji; N_f- liczba punktów poddanych filtracji przed decymacją; *k* – odwrotność rozdzielczości widma w dziedzinie rzędów $kN=2^p$. Wartości *m* i N_f wybierane są w zależności od parametrów obiektu badań.

Etap algorytmu	Ilość sumowań	Ilość mnożeń	Ilość dzieleń	Ilość wyliczeń pierwiastka kwadratowego
Zapis pomiarów i decymacja	$N_f N_d$	$N_f N_d$	-	-
Obliczenie nowych momentów czasu	$(2N+3)$	$(N+9)$	3	N
Odtworzenie amplitudy sygnału	$N(2mN_h+3m+1)$	$N(1,5mN_h+2,5m+1)$	N	-
Obliczenie widma	$(3p-3/2)Nk+2$	$(2p-3)Nk+4$	-	$Nk/2$

Tabela 6.3 *Oszacowanie złożoności obliczeniowej algorytmu wyznaczania widma rzędowego*

Jak wynika z przytoczonych szacunków proces wyznaczania widma rzędów jest operacją, której wykonanie w czasie rzeczywistym wymaga znacznych mocy obliczeniowych. Praktyczna realizacja musi zakładać użycie rozproszonej architektury sprzętowej z rozbiciem zadań na kilka modułów wykonawczych. Takie cechy posiada właśnie proponowana w tej pracy architektura DRAW-WAW i pozwala ona na efektywną i elastyczną implementację „analizy rzędowej".

Uwzględniając cechy architektury DRAW-WAW możliwych jest wiele wariantów rozłożenia obliczeń pomiędzy poszczególne moduły analizatora. Podstawowym sposobem będzie realizacja z rozproszeniem poszczególnych czynności zgodnie z poniższym opisem. Wstępna obróbka danych to zadanie modułu HARD, gdzie typowym elementem będzie układ decymujący z filtrem dolnoprzepustowym. Stopień przerzedzania może być dynamicznie ustalany przez moduł SOFT (na podstawie danych o prędkości obrotowej). Zadanie wyznaczania chwil czasu obejmuje złożone operacje arytmetyczne (np. pierwiastkowanie) i ich logiczne „położenie" to moduł SOFT, wyposażony w mikroprocesor DSP. Odtwarzanie amplitudy badanego sygnału w obliczonych momentach czasu to ponownie moduł HARD w wykorzystaniem tablicowej postaci charakterystyki filtru interpolującego. Ostatnia operacja (wykonanie transformaty FFT) będzie zrealizowana w zależności od uwarunkowań czasowych: przez moduł HARD, przy wymaganych krótkich czasach rzędu mikrosekund; przez moduł SOFT przy czasach rzędu milisekund. Oczywiście istnieje możliwość innego rozłożenia operacji między poszczególne moduły analizatora DRAW-WAW, łącznie z rozproszeniem jednego etapu pomiędzy dwa moduły.

6.5. Architektura multiprocesorowego analizatora sygnałów wibroakustycznych

Najistotniejszymi składnikami nowoczesnego systemu analizy wibroakustycznej są analiza pasmowa [63] i śledząca analiza w dziedzinie rzędów. Przedstawione wcześniej w tej pracy jej matematyczne idee oraz wynikające z nich algorytmy wymagają znacznych mocy obliczeniowych i mogą być trudne przy implementacji pracującej w czasie rzeczywistym. W celu sprawdzenia koncepcji teoretycznych i możliwości realizacji w proponowanej architekturze DRAW-WAW wykonano testowy system [78] analizatora. W pierwszej fazie implementacji opracowano układ analizy śledzącej. Zgodnie z przyjętymi założeniami algorytm analizy w dziedzinie rzędów został rozbity na funkcjonalne moduły, tak aby zostały wdrożone w rozproszonej architekturze zbliżonej do zaproponowanej DRAW-WAW.

Analizator został zbudowany w postaci dwupoziomowej struktury, inwariantnej z funkcjonalnym modelem analizy sygnałów i obiektami badań. Pierwotna wersja została wykonana w postaci modułu Cyfrowego Przetwarzania Sygnałów (CPS) i nadrzędnego sterującego jego funkcjami przenośnego komputera PC (rys. 6.17). Praca całego układu rozpoczynała się od załadowania odpowiednich programów do modułu CPS i ich uruchomienia. Ze względu na znaczną złożoność obliczeniową algorytmu analizy śledzącej jego wykonanie było rozłożone pomiędzy komputer PC i moduł CPS. Górny poziom (poziom HOST) to komunikacja z operatorem, prezentacja wyników i obliczenia czasu trwania poszczególnych obrotów oraz wyznaczanie chwil odpowiadających jednakowym kątowym przemieszczeniom.

Były one wykonywane przez komputer PC z podłączonymi do jego systemu przerwań

Rys. 6.17 Pierwotna wersja analizatora rzędów

impulsami symulującymi sygnał z tachometru. Na dolnym poziomie wykonywane są zadania CPS w czasie rzeczywistym (on-line). Podstawą poziomu on-line analizatora widma jest moduł CPS (kanał czasu rzeczywistego) wykonujący w czasie rzeczywistym, niezależne funkcjonalnie operacje zgodnie z zadanym algorytmem przetwarzania. Te operacje to: decymacja sygnału, odtwarzanie amplitudy sygnału (w momentach czasu wyznaczonych przez poziom HOST), wyznaczenie widma za pomocą FFT. Ustawienie bloku CPS w odpowiedni tryb pracy jest dokonywane na polecenie z wyższego poziomu (HOST). Moduł CPS składał się z następujących zespołów funkcjonalnych: 1) procesora; 2) reprogramowalnej pamięci stałej; 3) lokalnej pamięci RAM; 4) przetwornika A/C; 5) portu RS-232; 6) łącza magistrali rozszerzeń. Jako procesor główny modułu CPS został użyty mikroprocesor klasy DSP piątej generacji firmy Texas Instruments TMS320C50 z zegarem 80MHz.

W czasie eksperymentów użyto m.in. sinusoidalnego sygnału o amplitudzie 0.8 V z generatora sygnałów SVAN401. Otrzymane amplitudowe widmo sygnału przedstawiono na rys. 6.2. Analiza otrzymanych widm w zakresie dwóch pierwszych harmonicznych wskazuje, iż pomiary dokonane przy użyciu prototypu jak i za pomocą cyfrowego zestawu pomiarowego LabView firmy National Instruments oraz oscyloskopu Tektronix TDS3032B z modułem FFT dają takie same wartości amplitudy prążków. Potwierdziło to poprawność opracowanej metody. Porównań dokonano w zakresie częstotliwości od 20 Hz do 80 Hz. Dolna częstotliwość była ograniczona parametrami technicznymi zastosowanego przetwornika A/C, a górna częstotliwość była ograniczona liczba pomiarów wykonanych ze stałą częstotliwością dyskretyzacji 8 kHz. W rezultacie eksperymentu ustalono, że pojawienie się składowych wyższych niż 10-go rzędu wynika z niedostatecznej liczby danych użytych w liniowej interpolacji prędkości obrotowej.

W celu sprawdzenia zachowania się systemu przy pomiarach dokonywanych w czasie niestabilnej pracy badanych maszyn obrotowych wykonano symulację pomiarów silnika asynchronicznego na etapie startu i po nim. Do symulacji użyto m.in. sygnałów pokazanych na rys.6.3 i rys. 6.6.

Uzyskane wyniki - widmo rzędowe i wartości amplitudy prążków 5-tego 10-tego i 25-tego w czasie kilkudziesięciu następujących po sobie obrotów pokazano na rys. 6.5. Dokładnej oceny jakościowej nie dokonano ze względu na brak dostępu do przyrządów referencyjnych z możliwością pomiaru widma rzędów.

W wyników przeprowadzonych eksperymentów ustalono poniższe parametry techniczne:

- widmo rzędów do 10-tej harmonicznej,
- dynamika prążków widma rzędowego 90dB (przy 16 bitowym słowie, filtrze interpolującym o $f_g=0,625 f_N$),
- rozdzielczość widma rzędowego 0,04 rzędu (wykonywane 256 punktowe FFT),
- wydajność systemu pozwala na analizy sygnałów o częstotliwościach od 20 do 80Hz.

Kolejnym etapem weryfikacji możliwości wdrożenia koncepcji uniwersalnego analizatora sygnałów wibroakustycznych było przestawienie, opracowanego i sprawdzonego przy analizie śledzącej modułu CPS, na realizację typowych zadań analizy widmowej. Pozostawiono schemat rozbicia układu obliczeniowego na dwa poziomy. Dodatkowo, aby sprawdzić możliwość wykonania systemu całkowicie niezależnego i przenośnego zrezygnowano z wykorzystywania komputera przenośnego, a zastąpiono go mikroprocesorowym modułem HOST.

Schemat blokowy z naniesionym podziałem na dwa poziomy pokazano na rys. 6.7. Jego głównym elementem jest moduł CPS. W pamięci stałej jest zapisany program utrzymania współpracy z systemem HOST poprzez interface RS-232 (program monitor). Aby zapewnić maksymalną szybkość pracy całego systemu jest on przepisywany, w czasie inicjalizacji do lokalnej pamięci RAM. Program monitor zapewnia dostęp do wszystkich rejestrów, pozwala na zapis programów użytkownika do pamięci lokalnej oraz ich edycję i przechowywanie poprawionych wersji z pamięci stałej. Rozmiar pamięci stałej to 32k bajty. Pamięć lokalna składa się z pamięci programu (64kx16) i pamięci danych (256k x 16). Wykonana jest ona jako pamięć statyczna RAM z czasem dostępu 15 ns, co pozwala współpracować z mikroprocesorem z jednym taktem oczekiwania. Pamięć lokalna jest dostępna poprzez mikroprocesor i poprzez magistralę rozszerzeń. Odbiór sygnałów analogowych jest realizowany za pomocą dwukanałowego przetwornika A/C sigma-delta TLC320AD57 firmy Texas Instruments. Moduł wyższego poziomu (HOST) wykonano w oparciu o mikrokontroler SH7032 firmy Hitachi. Na tym poziomie wykonywane jest wtórne przetwarzanie rezultatów obliczeń w celu przedstawienia w formie graficznej na wyświetlaczu LCD, prowadzona jest komunikacja z operatorem i jeśli to niezbędne z zewnętrznym komputerem PC.

Niektóre uzyskane parametry techniczne i możliwości funkcjonalne analizatora to:

- całkowita dynamika sygnały wejściowego 150dB (90dB-16bitADC plus 60dB wzmocnienia,
- zakres częstotliwości 0.05-25.6kHz,
- ekran LCD 192x192 pikseli,
- typy analizy – widmo rzędów, wąskopasmowe widmo magnitudy, widmo fazowe, analiza czasowa, analiza oktawowa i 1/3 oktawowa (liczba pasm 20 zgodna ze standardem CEI/IEC 1260),
- rodzaje pomiarów – amplitudy, częstotliwości, rzędu, fazy i/lub czasu w punkcie położenia kursora.

Zaprojektowana modułowo-hierarchiczna architektura optymalizowana do realizacji algorytmu analizy śledzącej, nadaje się do innych zadań. Moduł CPS został wykonany w postaci podzespołu mogącego pracować samodzielnie (rys.6.9). W testowym systemie komunikacja z modułem HOST odbywała się poprzez pamięć globalną i interfejs rozszerzeń i pozwalała na transfer danych w tempie dopasowanym do potrzeb wyświetlania widma w czasie rzeczywistym w zakresie częstotliwości jak podano wyżej. Jego funkcjonalność została poszerzona dodatkowo dzięki interfejsowi RS-232. Takie rozwiązanie pozwala na ustalanie jego zadań z dowolnego urządzenia wyposażonego w tego typu łącze. Drogą wymiany oprogramowania możliwe jest dokonywanie zmian realizowanych algorytmów. Dzięki temu moduł ten może służyć do przeprowadzania eksperymentalnych prób różnorodnych algorytmów z zakresu cyfrowego przetwarzania sygnałów.

Eksperymenty wykazały, że fizyczne parametry takie jak waga i rozmiary geometryczne analizatora mogą być na tyle małe, że można zakwalifikować go do klasy przenośnych przyrządów pomiarowych co w połączeniu z prostotą wymiany realizowanych algorytmów obliczeniowych czyni opracowanie otwartym i uniwersalnym. Przenośność stanowi bardzo ważną cechę, gdyż przy badaniu maszyn obrotowych najczęściej nie ma możliwości dostarczenia maszyny do laboratorium ze względu na rozmiary lub konieczność prowadzenia badań w czasie normalnej pracy. Należy jeszcze podkreślić otwartość zaproponowanego rozwiązania z punktu widzenia łączenia z innymi systemami. Daje to podstawy od stworzenia systemu ekspertowego [96] w którym opracowane rozwiązania mogą stanowić elastyczne, łatwo konfigurowalne jądro pomiarowe.

Wykonane badania pokazały, że system i pierwotnie przedstawiona architektura ma zbyt małe moce obliczeniowe jeśli wymagane jest śledzenie pracy szybko obracających się maszyn i prowadzenie analizy wielokanałowej. Wymagana wydajność możliwa jest do osiągnięcia przy wdrożeniu pełnej architektury DRAW. Jednak należy zaplanować ewolucyjne przejście do pełnego wielopoziomowego i wieloprocesorowego systemu. Takie podejście zapewni etapowe sprawdzenie nowo wprowadzanych rozwiązań. W pierwszej kolejności rozwinięciem dwupoziomowego systemu może być system wieloprocesorowy o architekturze ze współdzieloną pamięcią pokazany na rys 6.18.

Taki system otrzymuje się poprzez przekształcenie pamięci głównej systemu dwuprocesorowego w pamięć współdzieloną do której dostęp jest realizowany przez wspólną szynę kontrolowaną przez nadrzędny mikroprocesor RISC. Przekształcona pamięć ma postać dwóch przełączanych banków, z których jeden jest wykorzystywany przez wejściowy procesor DSP (procesor połączony bezpośrednio z przetwornikami A/C) do zbierania danych pomiarowych, zaś drugi pełni rolę pamięci systemowej. Przy tym wejściowy DSP wykonuje także pierwotną obróbkę danych wejściowych. Pracą całego systemu tzn., planowaniem i udzielaniem dostępu do wspólnej pamięci, steruje moduł nadrzędny (procesor RISC). W każdym momencie czasu z pamięcią systemu pracuje jeden z czterech mikroprocesorów (3 procesory DSP i 1 RISC). Każdy z procesorów DSP posiada swoją lokalną pamięć. Dodatkowo procesor RISC może zmieniać zawartość pamięci programu i lokalnej pamięci danych procesorów DSP (np., zmieniać wartości współczynników filtrów, tablic, itp.).

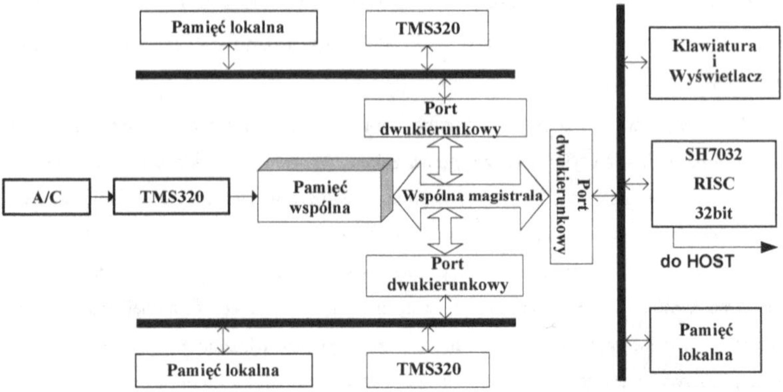

Rys. 6.18 Architektura systemu wieloprocesorowego

Dalszym rozwinięciem opracowanej architektury analizatora widma może być wariant z czterema procesorami DSP. Najbardziej pracochłonną częścią algorytmu jest odtwarzanie amplitudy sygnału. Możliwości zwiększenia wydajności polegają na zrównolegleniu operacji: wyliczenia przemieszczeń kątowych, wyznaczenia charakterystyki impulsowej i mnożenia wartości pomiarów wykonanych ze stałą częstotliwością dyskretyzacji przez wartości charakterystyki impulsowej w przedziale „pokrytym" przez tą charakterystykę. Przy tym jedna para procesorów wykonuje wymienione operacje dla punktów leżących na prawo od odtwarzanego momentu czasu (jeden – dla parzystych, drugi – dla nieparzystych), a druga – dla punktów leżących na lewo od odtwarzanego momentu czasu. Przedstawiony sposób pracy równoległej można zastosować przy większej liczbie procesorów. Inne podejście to zrównoleglenie obliczeniowego procesu dla danych różnych kanałów (cztery kanały – cztery procesory i.t.d). Możliwe są również kombinacje opisanych wariantów.

Przedstawione eksperymentalne realizacje modułów analizy sygnałów wibroakustycznych odbiegały nieco od proponowanej struktury DRAW-WAW. Rozdział zadań obliczeniowych został ograniczony do dwóch modułów a nie jak planowano na trzy moduły. Realizacja objęła moduł HOST i moduł SOFT.

Implementacja części HOST była w pełni zgodna z założeniami architektury DRAW-WAW (komunikacja z operatorem, wizualizacja wyników, sterowanie typem obliczeń wykonywanych przez moduł SOFT). Zadania modułu HOST były w praktycznych eksperymentach realizowane w oparciu o procesor SH7032 firmy

Hitachi. Wydajność tego procesora była wystarczająca do prowadzenia „dialogu" z operatorem, wizualizacji wyników pomiaru w postaci tabelarycznej i graficznej na wyświetlaczu LCD o rozdzielczości 192 x 192 punktów. Wykorzystany w prototypie wyświetlacz miał jednak zbyt małą rozdzielczość jak na potrzeby precyzyjnej analizy widma, czy odwzorowania kształtu przebiegu badanych sygnałów w czasie. W końcowej wersji modułu należy zastosować wyświetlacz 640x480 (zgodnie z założeniami systemu DRAW-WAW).

Moduł SOFT był realizowany pod nazwą „moduł CPS" i wykonywał całość obliczeń niezbędnych do wyznaczenia widma w dziedzinie rzędów, co w strukturach dynamicznie rekonfigurowalnego analizatora widma było planowane w rozłożeniu na dwa moduły SOFT i HARD.

Takie odejście od planowanego układu było podyktowane tym, że eksperyment miał pokazać poprawność algorytmów analizy rzędowej i dać praktyczny obraz ich złożoności obliczeniowej. Uzyskane rezultaty potwierdziły formalną poprawność metody wyznaczania widma rzędowego i jednocześnie wykazały ich znaczną złożoność obliczeniową. Moduł SOFT oparty na pojedynczym procesorze DSP realizował obliczenia w czasie rzeczywistym dla ograniczonego zakresu częstotliwości. Wskazuje to na potrzebę rozłożenia obliczeń na więcej niż jeden moduł obliczeniowy, tak jak zakłada architektura DRAW-WAW, gdzie „najszybsze" obliczenia wykonywane są przez część HARD. Pokazane wcześniej w tym rozdziale alternatywne rozwiązania polegające na zwiększeniu mocy obliczeniowej modułu SOFT drogą powiększenia ilości użytych mikroprocesorów są również przydatne przy materializacji koncepcji DRAW-WAW. Wynika to z tego, iż w świetle wykonanych eksperymentów zadania przewidziane dla tegoż modułu (wykonywanie złożonych obliczeń na potrzeby prowadzonych analiz, ustalanie konfiguracji modułu HARD) będą wymagały zastosowania takiej wieloprocesorowej struktury.

Elastyczność architektury DRAW-WAW z możliwościami dynamicznej transformacji algorytmów (drogą zmiany struktur obliczeniowych modułu HARD) i całkowitej zmiany realizowanych funkcji (drogą przeprogramowania całego systemu bez zmian w warstwie sprzętowej) pozwala na wykonywanie szybkich i tanich implementacji szerokiego wachlarza funkcji analitycznych wykorzystywanych we współczesnej analizie sygnałów wibroakustycznych. Przykładowy zestaw funkcji możliwych do realizacji w ramach opracowanego systemu DRAW-WAW pokazano na rys. 6.19.

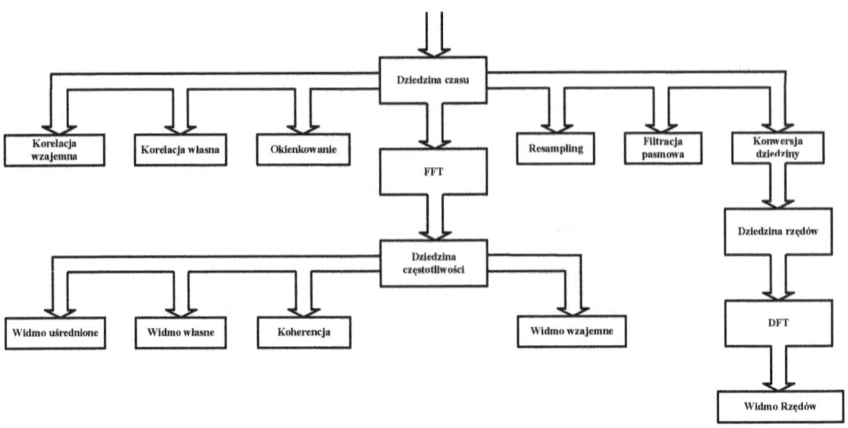

Rys. 6.19 Zbiór funkcji współczesnego analizatora sygnałów wibroakustycznych

6.6. Wyniki i wnioski

1. Istotnym składnikiem analizatora sygnałów wibroakustycznych jest analiza prowadzona w dziedzinie rzędów. Pozwala ona bowiem na efektywną ocenę stanu maszyn wirujących w trakcie rozpędzania i hamowania (klasyczne metody dają trudne w interpretacji wyniki).
2. Przedstawiono i krótko scharakteryzowano znane metody uzyskiwania widma w dziedzinie rzędów. Każda z typowych metod posiada stały nieusuwalny błąd metodologiczny ograniczający dynamikę pomiarów. Pokazano rozwiązanie pozwalające na uniknięcie błędu metodologicznego oparte na zastosowaniu filtru interpolującego pracującego na danych przeniesionych z dziedziny czasu w dziedzinę drogi kątowej.
3. Opisano wymagania i syntezę filtru interpolującego określonego jako filtr niskich rzędów. Filtr ten służy do odtworzenia wartości mierzonego sygnału w

wyznaczonych chwilach czasowych odpowiadających jednakowym odcinkom przebytej drogi kątowej.

4. Przedstawiono algorytm wyznaczania widma w dziedzinie rzędów z zastosowaniem filtru interpolującego i wykonano analizę jego złożoności.
5. Sprawdzono metodologiczną poprawność algorytmów generujących widmo w dziedzinie rzędów i zweryfikowano w praktyce ich złożoność obliczeniową. Uzyskane rezultaty wskazują na konieczność zastosowania rozproszonej struktury obliczeniowej, co jest naturalną cechą proponowanej architektury DRAW.
6. Uzyskanie widma sygnału w dziedzinie rzędów jest procesem skomplikowanym obliczeniowo, wymagającym znacznych mocy obliczeniowych i rozbicia go na kilka modułów wykonawczych.
7. Pokazano jak zaproponowana wcześniej architektura DRAW-WAW pozwala na sprawną i elastyczną implementację algorytmu wibroakustycznej analizy śledzącej.
8. Wykazano, że proponowana architektura DRAW-WAW zapewni wystarczająca wydajność obliczeniową i elastyczność na potrzeby nowoczesnego systemu analizy sygnałów wibroakustycznych.
9. Eksperymenty potwierdziły, że proponowana w ramach koncepcji DRAW-WAW metoda rozbicia algorytmów na niezależnie wykonywane fragmenty oraz rozproszenie struktur obliczeniowych na kilka modułów pozwala na efektywne kosztowo i sprzętowo implementacje złożonych zadań obliczeniowych prowadzonych w czasie rzeczywistym.

Podsumowanie

1. W pracy zaproponowana została koncepcja dynamicznie reprogramowalnego analizatora wibroakustycznego - DRAW. Wykorzystuje ona cechy szczególne dostępnych obecnie mikroprocesorów DSP i programowalnych układów klasy FPGA. Pozwala na wdrożenie koncepcji dynamicznie transformowanych algorytmów i modyfikacje sposobu działania na na poziomie algorytmów jak i struktury modułu obliczeniowego.
2. Opracowano algorytmy syntezy cyfrowych filtrów do zastosowań w analizatorach widm własnych i skorelowanych. Zaproponowana metoda jest zorientowana na realizację zaprojektowanych filtrów za pomocą układów programowalnych klasy FPGA i procesorów DSP. Pozwala na zmniejszenie rzędu filtrów i implementację w postaci kaskady identycznych ogniw niskiego stopnia. Daje to możliwość wykonania całych banków filtrów o dużej wydajności przy niskich nakładach sprzętowych.
3. Opracowano propozycję opisu budowy strukturalnej filtrów cyfrowych i opartą na tym opisie metodę generowania nowych struktur. Algorytm generowania struktur wykorzystuje przekształcenie podobieństwa i ma formę dogodną do programowej realizacji. Za pomocą zaprojektowanego algorytmu uzyskano struktury nie osiągalne innymi metodami.
4. Stworzona została architektura elementarnego bloku obliczeniowego pozwalającego na wykonanie banku cyfrowych wykorzystującego mechanizmy przetwarzania równoległego i potokowego. Element bazowy jest oparty o technikę arytmetyki rozproszonej i daje się efektywnie implementować w układach FPGA oraz stanowi uniwersalny składnik budowy układów cyfrowej filtracji o dużej elastyczności dających możliwość wdrożenia koncepcji dynamicznej transformacji algorytmów.
5. Przedstawiono zasady pracy algorytmów analizy w dziedzinie rzędów. Opracowano multiprocesorową architekturę cyfrowego analizatora widma

sygnałów wibroakustycznych. Wysoką wydajność uzyskano dzięki zrównolegleniu procesu obliczeniowego i współbieżnemu przetwarzaniu na poziomie programowym i sprzętowym.

6. Opracowane rozwiązania dają podstawę do szybkiego (rapid prototyping) stworzenia uniwersalnego analizatora sygnałów wibroakustycznych, który po uzupełnieniu o funkcje i rozwiązania podane w dodatku B (efektywne sprzętowo algorytmy wstępnej obróbki sygnału przez okienkowanie) i dodatku C (algorytmy do generowania sygnałów sinusoidalnych i o programowanym widmie) może pełnić rolę klasycznego analizatora widmowego.
7. Zestaw opracowanych i pokazanych w tej pracy rozwiązań potwierdza tezę tej pracy.

Dodatek A Tabele porównawcze mikroprocesorów DSP i układów programowalnych

Nazwa rodziny	DSP 16xxx	SHARK	TMS320C54xx	TMS320C62xx	TMS320C67xx	TriCore
Model	DSO16210	ADSP21160	TMS320C5421	TMS320C6203	TMS320C6701	TC10GP
Producent	Lucent	Analog Device	Texas Ins.	Texas Ins.	Texas Ins.	Infineon
Instrukcje(bit)	16 i 32	32	16 i 32	256	256	16 i 32
Linie adresowe	20	32	16	32	32	32
ALU	2	2	2	4	4	1
Bloki mnożące	2	2	2	2	2	2
Rejestry(bit)	40	40	40	32	32	32
Zegar(MHz)	150	100	100	300	167	66

Tabela 6.4 *Porównanie przykładowych rodzin procesorów DSP*

Nazwa rodziny	FLEX10K	APEX20K	STRATIX	VIRTEX	SPARTAN-3	VIRTEX II
Producent	Altera	Altera	Altera	Xilinx	Xilinx	Xilinx
Elementy logiczne	576-2880	8320-38400	10570-79040	1728-27648	1728-74880	256-46592
Ilość bramek	10k-50k	200k-1M	250k-2M	50k-1M	50k-5M	40k-8M
RAM(bit)	6k-40k	100k-327k	do 7M	24k-400k	do 1,8M	72k-3M
Zegar(MHz)	204	840	-	200	325	420

Tabela 6.5 *Porównanie przykładowych rodzin układów FPGA*

Dodatek B Algorytm okna czasowego do implementacji za pomocą procesorów DSP i układów klasy FPGA

Ważnym elementem pracy z czasie rzeczywistym jest szybkość przetwarzania i każde dodatkowe obliczenia zabierają cenny czas oraz utrudniają realizację sprzętowa. Cyfrowe przetwarzanie sygnału często operuje na wydzielonym fragmencie sygnału, co skutkuje zafałszowaniem widma sygnału w wyniku efektu Gibsa (nakładanie się widm). Aby zminimalizować wynikające z tego błędy stosuje się wstępne przekształcenie sygnału, tzw. oknem czasowym. Wszystkie klasyczne rodzaje okien czasowych wymagają dokonywania wielu mnożeń wartości sygnału przez wartości funkcji sinusoidalnych. Takie operacje są bardzo czasochłonne nie tylko przez fakt wykonywania mnożenia ale i wcześniejszą konieczność ustalenia wartości funkcji sinus, cosinus lub obu jednocześnie. Ze względu na charakter cyfrowej analizy widmowej operacji przejścia sygnału przez okno czasowe nie da się pominąć. Poniżej przedstawiono propozycję okna czasowego o bardzo krótkim czasie wykonania a jednocześnie pozwalającego otrzymać zadowalające rezultaty. Równanie opisujące proponowane okno ma postać:

$$w(n)=\begin{cases} 2^{-k+\mathrm{cmod}\left(\frac{n}{l}\right)} & \text{dla } n=\overline{0,\ kl-1}, \\ 1-2^{k-\mathrm{cmod}\left(\frac{n}{l}\right)-2} & \text{dla } n=\overline{kl,\ (l(2\mathrm{k}-1)-1)}, \\ 1 & \text{dla } n=\overline{l(2\mathrm{k}-1),\ N-1-l(2\mathrm{k}-1)}, \\ 1-2^{k-\mathrm{cmod}\left(\frac{N-1-n}{l}\right)-2} & \text{dla } n=\overline{N-l(2\mathrm{k}-1),\ N-kl-1}, \\ 2^{-k+\mathrm{cmod}\left(\frac{N-1-n}{l}\right)} & \text{dla } n=\overline{N-kl,\ N-1}, \end{cases} \qquad (6.20)$$

gdzie N – rozmiar przetwarzanego zbioru odczytów; $n=0,1,\ldots,N-1$ - numer współczynnika; k – parametr, określający formę okna; l – ilość punktów na jednym poziomie okna; $cmod(\frac{n}{l})$ - część całkowita n modulo l.

Parametry k i l związane są nierównościami $l < cmod[\frac{N}{2(2k-1)}]$ $N > 2(2k-1)$ $kl > l+1$ i wybierane są w zależności od wymaganej charakterystyki okna, przy czym k nie powinno być większe niż rozmiar słowa danych. Ze wzoru (6.22) widać, że wartości funkcji okna są ujemnymi potęgami liczby 2 lub dopełnieniem do jedności. Z tego z kolej wynika, że mnożenie wartości wejściowych $x(n)$ przez $w(n)$ sprowadza się do wykonania operacji przesunięcia oraz przesunięcia i negacji, czyli bardzo prostych do realizacji w układach mikroprocesorowych jak i układach logicznych.

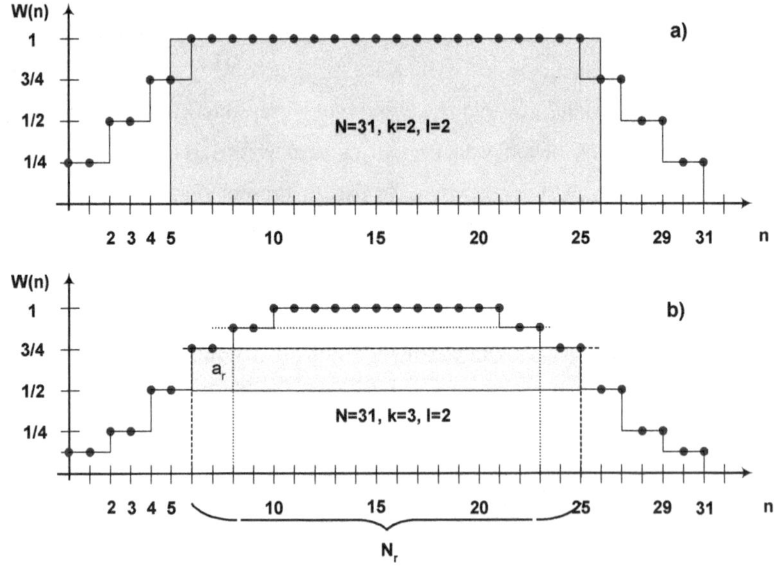

Rys. 6.20 Przykładowe wykresy okna schodkowego.

Aby ocenić charakterystykę widmową zaproponowanego okna dokonana została analiza analityczna (matematyczna) jak i symulacja komputerowa za pomocą pakietu MatLab. Przykładowe wykresy przebiegu funkcji okna przedstawiono na rys. 6.20. Jak widać ma ono kształt schodkowy i matematycznie można je rozpatrywać jako superpozycję prostokątnych okien $w_r(n)=a_r$ o amplitudzie a_r, szerokości N_r i wspólnym centralnym punkcie $(N-1)/2$ (rys. 6.20b). Dyskretne przekształcenie Fouriera (DTF) dla r-tego okna będzie mieć postać:

$$W_r(e^{j\omega})=a_r \exp(-j\frac{N-1}{2})\sin\frac{\omega N_r}{2}/\sin\frac{\omega}{2}, \text{ gdzie } \omega=2\pi/n \text{ pulsacja wzgledna.} \quad (6.21)$$

Korzystając z właściwości przekształcenia Fouriera i sumując funkcje (6.21) po r otrzymamy:

$$\begin{gathered}W(e^{j\omega})=\sum_r W_r(e^{j\omega})=\frac{\exp[-j(N-1)/2]}{\sin(\omega/2)}\times\\ \{2^{-k}\sin\frac{\omega}{2}N+(2^{-k+1}-2^{-k})\sin\frac{\omega}{2}(N-2l)+\ldots+\\ +(2^{-1}-2^{-2})\sin\frac{\omega}{2}(N-2(k-1)l)+(1-2^{-1}-2^{-2})\sin\frac{\omega}{2}(N-2kl)+\ldots+\\ +(1-2^{-k}-1+2^{-k+1})\sin\frac{\omega}{2}(N-2(2k-2)l)+(1+2^{-k}-1)\sin\frac{\omega}{2}(N-2(2k-1)l)\}.\end{gathered} \quad (6.22)$$

Drogą dalszych przekształceń arytmetycznych ostatecznie uzyskujemy:

$$\begin{gathered}W(e^{j\omega})=\exp\left(-j\frac{N-1}{2}\right)\frac{\sin[\frac{\omega}{2}(N-(2k-1)l)]}{\sin(\omega/2)}\times\\ \{2^{-k+1}\cos\frac{\omega}{2}(2k-1)l+\sum_{i+1}^{k-1}2^{-k+1}\cos\frac{\omega}{2}(2k-2i-1)l\}.\end{gathered} \quad (6.23)$$

Wzmocnienie takiego okna określa się równaniem:

$$\begin{gathered}P=|W(e^{j\omega})|_{\omega=0}=\sum_{n=0}^{N-1}w(n)=(N-(2k-1)l)\times\\ (2^{-k+1}+2^{-k+1}+2^{-k+2}+\ldots+2^{-2}+2^{-1})=N-(2k-1)l.\end{gathered} \quad (6.24)$$

Wielkość P charakteryzuje zmianę amplitud składowych sygnału przy analizie harmonicznych. W przypadku okna prostokątnego szerokości N próbek wzmocnienie wynosi $P_P=N$. Wzmocnienie okna schodkowego jest mniejsze, gdyż jego funkcja wagowa $w(n)$ przy zbliżaniu się do jego granic zbliża się do wartości 2^{-k}. Unormowana wartość P względem wartości P_P wyniesie $P/P_P=1-(2k-1)l/N$, $0.5<P/P_P<1$.

Wartość P jest równa polu zaznaczonej na rys. 6.20a powierzchni. Okno schodkowe jest ekwiwalentne oknu prostokątnemu o szerokości $N-(2k-2)l$, a jego energia jest określona równaniem

$$U=\sum_{n=0}^{N-1}w_2(n)=N-l(2-k+2-\frac{1}{3}2^{-2k+2}-2k-\frac{7}{6}).$$

W wielu przypadkach potrzebna jest znajomość położenia zer funkcji $|W(e^{j\omega})|$ na osi częstotliwości. Amplitudowo-częstotliwościowa charakterystyka okna schodkowego jest parzysta z okresem 2π a to oznacza, że wystarczy rozpatrywać ją w przedziale $(0,\pi)$.

Przyrównując wyrażenie (6.23) do zera otrzymamy równanie mające dwie grupy rozwiązań:

$$\omega_0^i=\frac{2\pi i}{N-(2k-1)l},\qquad i=1,2,\dots,\frac{N-(2k-1)l}{2}, \tag{6.25}$$

t.j. zera, określające składowe koherentne;

$$\omega_1^j=\frac{\pi j}{l},\qquad j=1,2,\dots,l, \tag{6.26}$$

t.j. zera określające składowe zmienne.

Przy $k\geq 2$ szerokość głównego listka charakterystyki częstotliwościowej wyraża się wzorem:

$$\omega_0^1=\frac{2\pi}{N-(2k-1)l}<\frac{\pi}{l}=\omega_1^1. \tag{6.27}$$

Wartość pierwszego zera może służyć do oceny szerokości głównego listka charakterystyki częstotliwościowej pod kątem możliwości rozróżnienia dwóch blisko położonych składowych. Ważnym parametrem okien czasowych jest stopień tłumienia α pierwszego listka bocznego, wyrażony w dB, w stosunku do maksymalnej wartości $|W(e^{j\omega})|$ dla zerowej częstotliwości [29]. Zbyt duża wartość α może wpłynąć na możliwości wykrycia słabych sygnałów w obecności zakłóceń o bliskiej częstotliwości.

Analityczne określenie charakterystyk czasowej i amplitudowo-częstotliwościowej jest trudne w szybkiej ocenie ich przydatności w konkretnym zastosowaniu, tym bardziej, że zależy od dwóch parametrów. Aby mieć możliwość szybkiego wyboru parametrów okna i łatwo porównać je z innymi „klasycznymi" oknami wykonano prostą aplikację w środowisku MatLab. Rys. 6.21 ilustruje możliwości programu. Jak widać pozwala on na zadawanie parametrów okna k i l i ustalenie rozmiaru (ilości próbek). Jako wyniki pokazane są wykres czasowy (kształt okna) i charakterystyka częstotliwościowa. Dodatkowo można porównać je z charakterystykami powszechnie znanych okien. Tak prezentowane cechy okna schodkowego pozwalają bardzo szybko ocenić jego przydatność do zastosowania w określonej sytuacji i w znacznym stopniu ułatwiają dobór jego parametrów. Z przeprowadzonych analiz wynika, że przy precyzyjnym i uważnym dobraniu parametrów można uzyskiwać charakterystyki bardzo zbliżone do uzyskiwanych za pomocą klasycznych okien. Oznacza to możliwość zastąpienia powszechnie znanych okien proponowanym schodkowym. W tabeli 6.6 zebrano porównanie parametrów okna schodkowego z często stosowanym oknem prostokątnym.

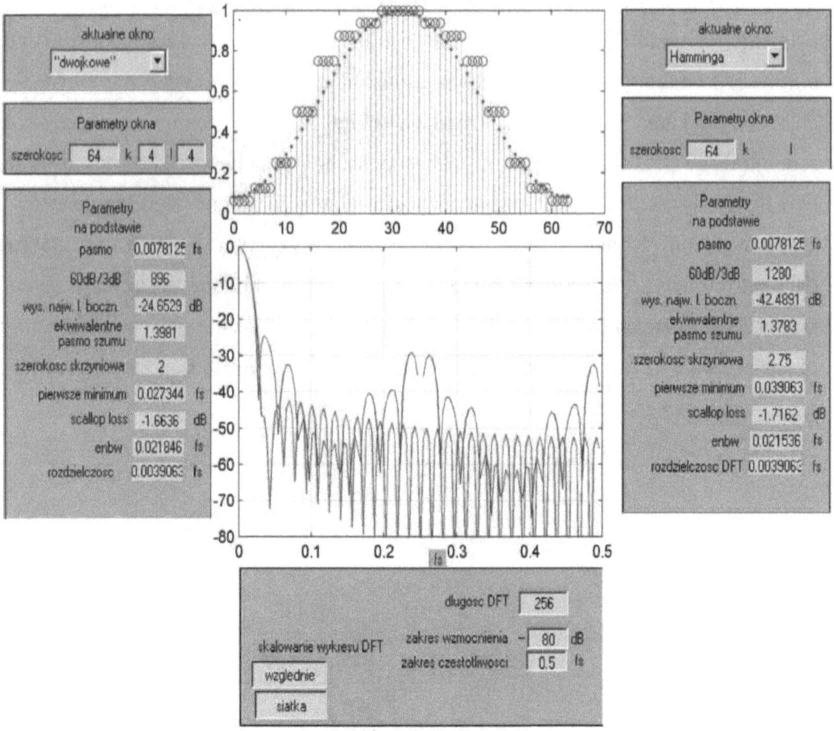

Rys. 6.21 Schodkowe okno czasowe

Obliczeniowa złożoność proponowanego okna to $2(2k-1)$ operacji pojedyńczego przesunięcia i $(2k-2)$ operacji odejmowania. Dla porównania realizacja najprostszego ze znanych okien – okna Hanninga $\sin^2\beta$ metodą splotu wymaga wykonania *2N* operacji przesunięcia i *2N* sumowań. Dokonując zamiany okna $\sin^2\beta$ na proponowane, przy założeniu, że czas wykonania operacji przesunięcia i sumowania/odejmowania jest taki sam, uzyskamy względny zysk na czasie:

$$\frac{4N}{6k-4} > \frac{8(2k-1)l}{6k-4} \approx 31.$$

Oznacza to znaczące skrócenie czasu potrzebnego na dokonanie wstępnej obróbki sygnału i uzyskanie rezerwy czasowej na zasadnicze przekształcenia, a w systemach o wysokich wymaganiach częstotliwościach pracy jedynym rozwiązaniem możliwym do zastosowania. Dodatkowo, dzięki możliwości doboru parametrów możliwe jest znalezienie kompromisowego rozwiązania w sytuacji wzajemnie wykluczających się wymagań dotyczących szerokości listka głównego i wielkości tłumienia listków bocznych (w przypadku powszechnie znanych okien jest to praktycznie niemożliwe).

l	k	α	P/P_P	U/U_P
1	2	-19.3	0,94	1,08
	3	-15.9	0,90	1,13
	4	-14.7	0,86	1,17
2	2	-19.4	0,88	1,17
	3	-16.5	0,80	1,26
	4	-16.1	0,73	1,35
	5	-16.8	0,65	1,43
	6	-18.0	0,57	1,51
3	2	-19.7	0,82	1,25
	3	-18.0	0,71	1,39
	4	-20.2	0,53	1,52
4	2	-20.2	0,76	1,33
	3	-21.3	0,61	1,53
5	2	-21.0	0,71	1,41
	3	-28.7	0,51	1,65
6	2	-22,4	0,65	1,5
7	2	-24,7	0,59	1,54

Tabela 6.6 Parametry okien schodkowych przy N=51

Oprócz tego modyfikacja parametrów pozwala na proste sterowanie położeniem zer, co w sytuacji sygnałów o dużych i niekorzystnie położonych zakłóceniach jest najistotniejsze. Wymienione cechy okna schodkowego świadczą o jego przydatności zarówno w systemach analizy widmowej o ostrych ograniczeniach czasowych (szybkość pracy) jak uniwersalnych (duże możliwości łatwego w realizacji modyfikowania charakterystyk).

Dodatek C Generowanie sygnałów sinusoidalnych

C.1 Podstawy teoretyczne

W przypadku planowania konstrukcji elastycznego analizatora widma istotną przesłanką jest uzyskanie jak najszerszego zakresu analizowanych sygnałów oraz możliwości bardziej precyzyjnego (z większą rozdzielczością) przeanalizowania wybranego fragmentu pasma. Zwykle jądro analizatora (moduł wykonujący analizę widma) oparty jest o bank filtrów lub procesor przekształcenia Fouriera. Ze względu na zastosowane podzespoły ma ono stałe, niekonfigurowalne parametry (zakres analizowanych częstotliwości). Bezpośrednia realizacja wymienionego na wstępie celu oznacza konieczność zastosowania najnowszych i najszybszych podzespołów, co w oczywisty sposób podraża koszty i stanowi duże wyzwania dla twórców algorytmów i ich implementacji. Z tego względu opracowano i jest znanych szereg metod pośrednich. Jedną z nich jest przesunięcie położenia interesującego nas fragmentu widma w zakres odpowiadający możliwościom jądra obliczeniowego. Zyskuje się to znanym już od dawna w radioelektronice układem heterodyny. Matematycznie oznacza to wymnożenie sygnału wejściowego przez sygnał sinusoidalny o odpowiednio dobranej częstotliwości $x'(t)=x(t)h(t)$, $h(t)=\sin\omega_h t$. Ta metoda znalazła również zastosowanie w cyfrowych analizatorach widma. Do realizacji przesunięcia widma sygnału niezbędne jest wytworzenie sygnału sinusoidalnego. To zagadnienie jest od dawna dobrze opracowane i istnieje bardzo duża liczba rozwiązań opartych na układach tablicowych, funkcjach rekurencyjnych, rozwinięciach w szereg, itd.

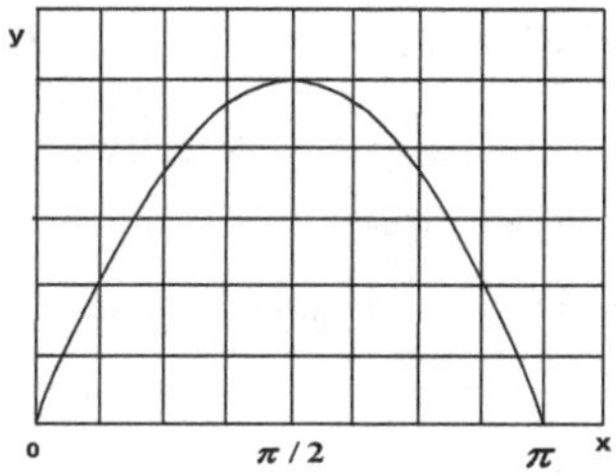

Rys. 6.22 Wykres funkcji $y=x(\pi-x)$

Poniżej zaproponowano rozwiązanie któremu za cel wyznaczono łatwość implementacji sprzętowej [79] (za pomocą mikroprocesorów lub logiki programowalnej). Proponowana metoda opiera się na rozwinięciu [59] równania (wykres pokazany na rys. 6.22):

$$y=x(\pi-x),\quad \text{dla}\ 0\le x\le \pi \tag{6.28}$$

w szereg Fouriera, co daje

$$y=\frac{8}{\pi}(\sin x+\frac{1}{3^3}\sin 3x+\frac{1}{5^3}\sin 5x+\ldots). \tag{6.29}$$

Analizując równanie (6.29) można zauważyć, iż poza pierwszym wszystkie współczynniki szeregu są stosunkowo małe, można więc z dobrym przybliżeniem zapisać:

$$y=x(\pi-x)=\frac{8}{\pi}\sin x. \tag{6.30}$$

Dzieląc przedział <0,π> na M części otrzymano:

$$x(n)=n\frac{\pi}{M},\quad n=0,1,\ldots M. \tag{6.31}$$

Podstawiając powyższe wyrażenie do równania (6.31) otrzymujemy:

$$n\frac{\pi}{M}(\pi-n\frac{\pi}{M})=\frac{8}{\pi}\sin n\frac{\pi}{M}. \tag{6.32}$$

Przechodząc w dziedzinę czasu $t(n)=n\Delta t$ uzyskano zależność:

$$n\frac{\pi}{M}=n\Delta t\frac{\pi}{M\Delta t}=\omega_0 n\Delta t,\quad \text{gdzie}\quad \omega_0=\frac{\pi}{M\Delta t}.$$

Równanie (6.32) przyjmie postać:

$$n(M-n)=\frac{8M^2}{\pi^3}\sin\omega_0 n\Delta t,\quad n=0,\,1,\ldots,M. \qquad (6.33)$$

Równanie (6) pozwala na otrzymanie tylko górnej połówki sinusoidy (rys. 6.22). Dla utworzenia całej sinusoidy należy posłużyć się wyrażeniem:

$$(-1)^k(n-kM)[M-(n-kM)]=A\sin\omega_0 n\Delta t, \qquad (6.34)$$

gdzie $n=0,1,\ldots,$ - numer porządkowy próbki; k – część całkowita z dzielenia n/M, $A=8M^2/\pi^3$ – amplituda sinusoidy, $\omega_0=\pi/(M\Delta t)$. Dla otrzymania częstotliwości m razy większych należy m razy szybciej zmieniać numer porządkowy próbki n. Wyrażenie (6.34) przyjmuje wtedy postać:

$$(-1)^k(mn-kM)[M-(mn-kM)]=A\sin\omega_0 n\Delta t,\ . \qquad (6.35)$$

Równanie (6.35) może być przyjęte jako podstawa budowania cyfrowych generatorów sygnału sinusoidalnego. Wtedy M jest pojemnością sumatora bez bitu znaku, k – licznik przepełnień sumatora, a generowany sygnał sinusoidą o stałej częstotliwości.

Dalsza analiza formuły (6.35) prowadzi do wniosku, że drogą prostych modyfikacji możliwe jest uzyskanie sygnału o zmiennej (przestrajanej) częstotliwości, co w przypadku zastosowania jako heterodyny w analizatorach widma, pozwala na łatwe przesuwanie obserwowanego przez użytkownika zakresu częstotliwości. Poniżej pokazano sekwencję przekształceń prowadzących do uzyskania żądanego rezultatu.

Wyrażenie (6.35) pokazuje, że argument funkcji jest równy $x=\omega_0 n\Delta t$, a jego przyrost w każdym kroku $\Delta x=\omega_0\Delta t$. Zatem dla kroku n argument funkcji sinus można przedstawić za pomocą następującego wyrażenia:

$$x_n=x_{n-1}+\omega_0\Delta t. \qquad (6.36)$$

Z wyrażenia (6.36) widać, iż dla uzyskania dowolnie zmieniającej się częstotliwości nieodzowne jest podstawienie w miejsce stałej częstotliwości ω_0 zmiennej ω_n. Chcąc uzyskać sinusoidę o zmieniającej się liniowo częstotliwości funkcja zmian ω_n w każdym kroku opisana jest następująco:

$$\omega_n=\omega_{n-1}+\Delta\omega.\ , \qquad (6.37)$$

gdzie $\Delta\omega$ - zmiana częstotliwości w okresie czasu Δt.

W tym wypadku równanie (6.36) przyjmuje postać:

$$\begin{cases} x_n = x_{n-1} + \Delta x_n \\ \Delta x_n = \omega_n \Delta t \, . \end{cases} \qquad (6.38)$$

Korzystając z równania (6.38) układ równań (6.37) można zapisać w postaci:

$$\begin{cases} x_n = x_{n-1} + \Delta x_n \\ \Delta x_n = \Delta x_{n-1} + \Delta x \\ \Delta x = \Delta \omega \Delta t \, . \end{cases} \qquad (6.39)$$

Warunki początkowe:

$$\begin{cases} x_0 = 0 \\ \Delta x_n = \Delta x_1 = \omega_1 \Delta t \\ \Delta x = \Delta \omega \Delta t \, . \end{cases} \qquad (6.40)$$

Układy równań (6.39) i (6.40) określają rekurencyjne zależności dla argumentu formowanej sinusoidy i stanowią podstawę do programowej i sprzętowej implementacji.

W wielu przypadkach występuje potrzeba wytworzenia nie tylko pojedyńczego sygnału sinusoidalnego czy też sygnału o zmieniającej się w czasie częstotliwości, lecz złożonego sygnału poliharmonicznego (np. testowanie układu analizy w dziedzinie rzędów). W takiej sytuacji równanie opisujące zachowanie się układu wytwarzania sygnału przyjmie postać:

$$\sum_{j=0}^{N} (-1)^k (m_j n - kM)[M - (m_j n - kM)] = \sum_{j=0}^{N} A \sin \omega_j n \Delta t, \qquad (6.41)$$

gdzie N-ilość składowych.

Relację między częstotliwościami kolejnych składowych można zapisać w postaci:

$$\omega_i = \omega_{i-1} + \delta \omega . \qquad (6.42)$$

W oparciu o zależności (6.41) i (6.42) rekurencyjna forma równań określających sposób wytwarzania złożonego sygnału przyjmie postać:

$$\begin{cases} x_n^j = x_{n-1}^j + \delta x_n \\ x_n^0 = x_{n-1}^0 + \Delta x \\ \delta x_n = \delta x_{n-1} + \delta x \, . \end{cases} \qquad 6.43)$$

przy warunkach początkowych:

$$\begin{cases} x_0 = 0 \\ \delta x_0 = 0 \\ \Delta x = \omega_1 \Delta t \\ \delta x = \delta \omega \Delta t\ . \end{cases} \tag{6.44}$$

Tak sformułowany opis wytwarzania sygnału ma ograniczenie polegające na tym, że za pomocą pojedynczego bloku generacji nie możliwe jest dodanie dowolnie wybranych składowych. Dodawanie odbywa się kolejno ze stałym skokiem częstotliwości, a w przypadku potrzeby uwzględnienia kilku wybranych składowych należy użyć kilku takich samych modułów wytwarzania sygnałów.

C2. Symulacja pracy układów generacji przebiegów sinusoidalnych

W celu sprawdzenia metod generacji sygnałów wykonano aplikacje w środowisku MATLAB. Ze względu, iż proponowane metody wytwarzania sygnałów były planowane pod kątem łatwego wdrożenia w formie sprzętowej w symulacjach ustalono możliwość zadawania częstotliwości początkowej, zmiany częstotliwości co krok, ilości bitów sumatora i układu mnożącego. Obliczenia wykonywano zgodnie z rekurencyjnymi formami równań. W uzyskanym widmie podstawowego sygnału (rys. 6.23) widoczne są znaczące wartości nieparzystych harmonicznych. Jest to całkowicie zgodne z teoretycznymi podstawami stosowanej metody (patrz wzór (6.31)). Określono jakość wytwarzanego sygnału poprzez ustalenie współczynnika zawartości harmonicznych. Średnia jego wartość wynosiła około 5%.

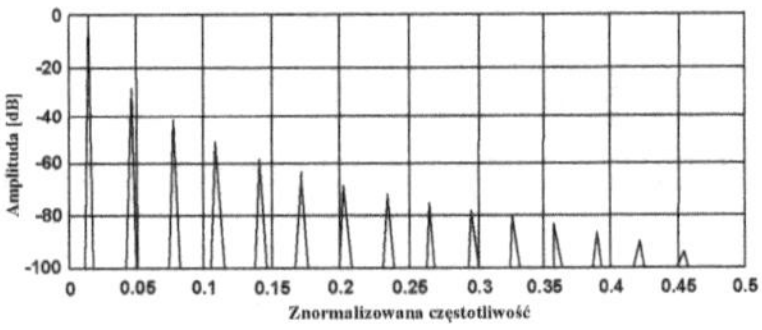

Rys. 6.23 Zawartość harmonicznych w generowanym sygnale

W wielu rozwiązaniach (w szczególności jako sygnał heterodyny) będzie to wielkość nie do przyjęcia. Uzyskany wynik wskazał, że konieczne jest rozważenie możliwości poprawy jakości wytwarzanego sygnału, gdyż przy ich braku należałoby ją w wielu przypadkach odrzucić. Zastosowano najprostsze podejście. Metoda opiera się na jednoczesnym generowaniu sygnału głównego i jego kilku harmonicznych (harmoniczne tworzone tym samym sposobem co sygnał główny) z tym, że wartość końcowa wyznaczona zostanie po odjęciu harmonicznych. Przeprowadzone próby wskazują, że wygenerowanie trzech kolejnych harmonicznych (składowych które będą odejmować się) pozwala na obniżenie współczynnika zawartości harmonicznych do 1%

(rys.6.24) zaś sześciu pozwala na obniżenie współczynnika zawartości harmonicznych do ok. 0,2% (rys.6.25) Wygenerowanie większej ilości kompensujących harmonicznych nie przynosi znaczącego efektu.

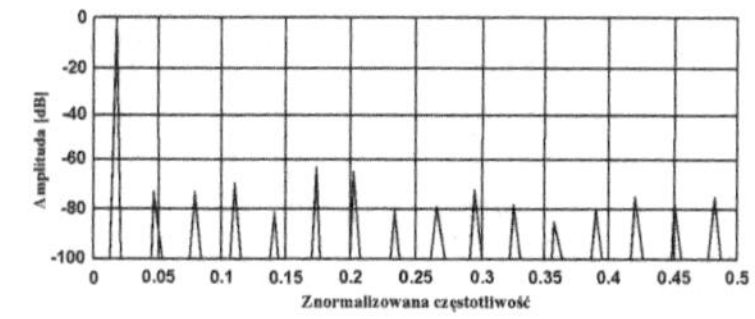

Rys. 6.24 Widmo po kompensacji 3-ch harmonicznych

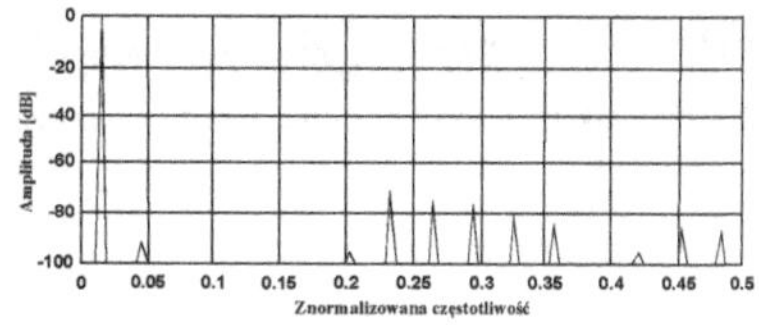

Rys. 6.25Widmo po kompensacji 6-ciu harmonicznych

Na wartość współczynnika zawartości harmonicznych mają wpływ także ilości bitów sumatorów i układu mnożącego oraz proporcja pomiędzy częstotliwością podstawową *f0* a częstotliwością próbkowania *fs*. Zależności zostały zilustrowane na rysunkach 6.26 i 6.27. W sygnale nieskompensowanym współczynnik harmonicznych jest praktycznie niewrażliwy na ilość bitów sumatora. Wynika to z charakteru zastosowanej metody. Wpływ ma jedynie ograniczenie ilości bitów na wyjściu układu mnożącego. Granicę stanowi 10 bitów. Powyżej tej wartości układ jest niewrażliwy na zmianę ilości bitów.

Przy zastosowaniu kompensacji szkodliwych harmonicznych omawiany współczynnik wykazuje dużo większą wrażliwość na zastosowaną ilość bitów. Granicą, która gwarantuje minimalny współczynnik zawartości harmonicznych jest tu 16 bitów. Zastosowanie większej ilości bitów może mieć sens jedynie przy kompensowaniu co najmniej 6 dopełniających harmonicznych.

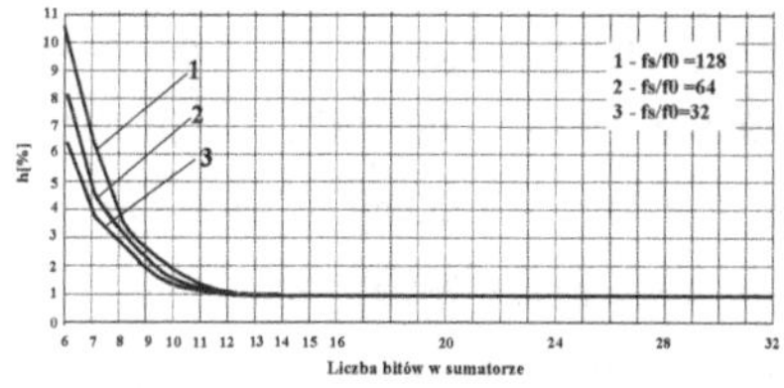

Rys. 6.26 Zawartość harmonicznych przy kompensacji 3-ch składowych

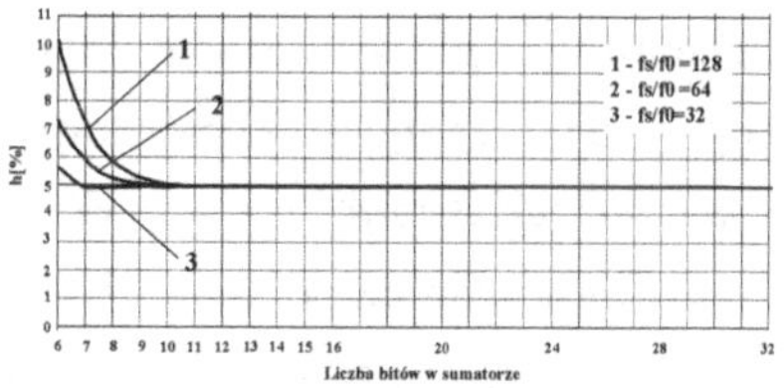

Rys. 6.27 Zawartość harmonicznych przy braku kompensacji

C.3 Struktury generatorów sygnałów sinusoidalnych

Wyznaczone teoretyczne zależności oraz przeprowadzone symulacje pozwalają na określenie struktur praktycznych realizacji rozważanych generatorów sygnałów sinusoidalnych. Schemat blokowy układu wytwarzania przebiegu przedstawiono na rys.(6.28).

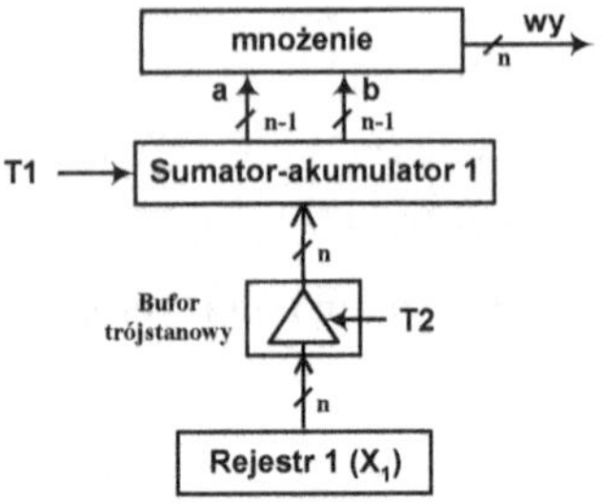

Rys. 6.28 Schemat blokowy generatora sinusoidy

Poszczególne bloki realizują następujące zadania: *rejestr 1* jest rejestrem kroku, *sumator-akumulator 1* jest akumulatorem inkrementowanym o zawartość rejestru kroku w rytm impulsów przebiegu *T2*, blok *mnożenie* jest układem mnożącym wykonującym mnożenie z rozdzielonym bitem znaku. Na jego wejście *a* podawana jest zawartość akumulatora bez najstarszego bitu, zaś na wejście *b* ta sama wartość po zanegowaniu i zwiększeniu o *1*. Do otrzymanego wyniku, na najstarszej pozycji dołączany jest bit znaku będący *1*-no bitowym licznikiem przepełnień akumulatora. Sygnał *T1* inicjalizuje pracę całości (m.in. zeruje akumulator), *T2* wyznacza częstotliwość f_s wytwarzania kolejnych wartości generowanego przebiegu (odpowiednik częstotliwości próbkowania przy przetwarzaniu A/C). Rozmiar słowa *N* *sumatora-akumulatora* oraz wartość kroku ustalają względną (w stosunku do f_s) częstotliwość wytwarzanego sygnału. Blok pośredniczący jest blokiem pomocniczym i pełni rolę bufora/zatrzasku. Z zaprezentowanych rozważań wynika, że proponowany generator można w bardzo prosty sposób zaimplemetować w programowalnych układach logicznych lub programowo za pomocą procesora DSP. Potrzebny jest tylko jeden rejestr, sumator-akumulator i układ mnożący.

Zaproponowane rozwiązanie generatora sygnału, oprócz prostoty realizacji ma jeszcze jedną ważną zaletę. Drogą prostej modyfikacji w strukturze realizującej (rys. 6.28), można uzyskać układ o przestrajanej częstotliwości. Podstawę do modyfikacji stanowi układ równań 6.41 i 6.42. Dla realizacji sprzętowej tych wyrażeń dogodniejsze jest zapisanie tych równań w następującej postaci:

$$\begin{cases} X_n = X_{n-1} + \Delta X_n \\ \Delta X_n = \Delta X_{n-1} + \Delta X \end{cases} . \tag{6.45}$$

Warunki początkowe:

$$\begin{cases} X_0 = 0 \\ \Delta X_1 = \omega_1 / \omega_0 \\ \delta X = \Delta \omega / \omega_0 . \end{cases} \tag{6.46}$$

$\omega_0 = \pi / M\Delta t$– minimalna możliwa do uzyskania częstotliwość przy zadanych M i Δt. Wobec powyższego równanie (6.36) dla przypadku generacji sygnału sinusoidalnego ze zmieniającą się liniowo częstotliwością przybiera następującą postać:

$$(-1)^k (X_n - kM)[M - (X_n - kM)] = A \sin(\sum_{i=1}^{n} \omega_i \Delta t), \tag{6.47}$$

Schemat blokowy układu z uwzględnieniem powyższych modyfikacji przedstawiono na rys. 6.30, a podstawowe sygnały sterujące na rys. 6.29. W przypadku struktury do wytwarzania przebiegu ze zmienną częstotliwością modyfikacje polegają na dodaniu dodatkowych bloków: *rejestr 2* – rejestr przyrostu częstotliwości, *sumator-akumulator 2* – akumulator ustalający bieżącą częstotliwość (inkrementowany w kolejnych krokach o wartość przyrostu częstotliwości), bloki pomocnicze sterujące przepływem informacji na wejście akumulatora *sumator-akumulator 2*.

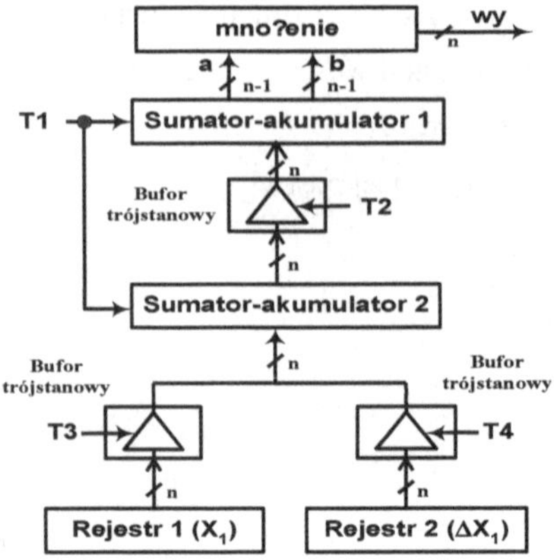

Rys. 6.29Generator o zmiennej częstotliwości

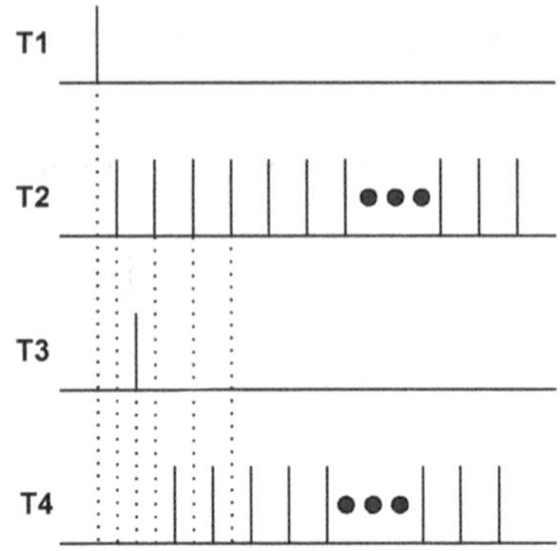

Rys. 6.30 Impulsy zegarowe generatora o zmiennej częstotliwości

Tak zmodyfikowany układ nadal jest prosty w realizacji sprzętowej i programowej a kosztem nieznacznej rozbudowy uzyskuje się istotną poprawę funkcjonalności. Jeśli w rozpatrywanym układzie *rejestr 2* zastąpiony zostanie pamięcią, to można nie tylko generować sygnał o zmieniającej się stopniowo częstotliwości, ale ustalić program jej zmian. W pamięci umieszcza się wówczas kolejne wartości ΔX_1 i wówczas w formule (6.45) zamiast stałego przyrostu ΔX występuje zmienny. Łatwo zauważyć, że jeśli $\Delta X_1=0$ to utworzony będzie fragment sygnału o stałej, zaś przy $\Delta X_1<0$ fragment o zmniejszającej się częstotliwości.

Zakres częstotliwości wytwarzanego sygnału $(\omega_{min}, \omega_{max})$ oraz minimalny przyrost w jednym kroku $\Delta\omega_{min}$ można wyznaczyć z zależności (6.46)

$$
\begin{aligned}
\Delta \overline{X_{1min}} &= \frac{\omega_{min}}{\omega_0} = \frac{\omega_{min} M \Delta t}{\pi} = 1 \\
\Delta \overline{X_{min}} &= \frac{\omega_{min}}{\omega_0} = \frac{\omega_{min} M \Delta t}{\pi} = 1 \\
\omega_{min} &= \Delta\omega_{min} = \pi / M \Delta t .
\end{aligned}
\tag{6.48}
$$

Wartości te zależą od rozmiaru *sumatorów-akumulatorów* i okresu dyskretyzacji. Górna granica częstotliwości generowanych sygnałów wynika z zależności $\Delta \overline{X_{nmax}} = \omega_{max}/\omega_0 = M$ i wynosi $\omega_{max}=\pi/\Delta t$. Przykładowo, zakładając rozmiar *sumatorów-akumulatorów* na 20 bitów i okres dyskretyzacji $\Delta t=5*10^{-5}$sek otrzymujemy $M=1,05*10^6$, $f_{min}=200\,\text{Hz}$, $f_{max}=10^4\,\text{Hz}$, zaś czas wytwarzania sygnału

50 sek.

Kolejną rozpatrzoną wersją generacji sygnałów był układ do wytwarzania przebiegu poliharmonicznego. Do praktycznej implementacji dogodniejszą postacią równań 6.45, 6.46 będzie zapis definiujący zależności w rekurencyjnej postaci:

$$\begin{cases} X_n^j = \Delta X_{n-1}^j + \delta X_n \\ X_n^0 = X_{n-1}^0 + \Delta X_n \\ \delta X_n = \delta X_{n-1} + \delta X \\ \Delta X_n = \Delta X_{n-1} + \Delta X \end{cases} \quad (6.49)$$

Warunki początkowe:

$$\begin{cases} X_0 = 0 \\ \delta X_0 = 0 \\ \Delta X = \omega_1 / \omega_0 \\ \delta X = \delta\omega / \omega_0 . \end{cases} \quad (6.50)$$

Wielkość ΔX definiuje zmianę częstotliwości w każdym kroku, zaś δX określa różnicę między sąsiednimi harmonicznymi. Schemat struktury blokowej pokazano na rys. 6.31 . Powstał on drogą modyfikacji układu do generowania sinusoidy o zmiennej częstotliwości.

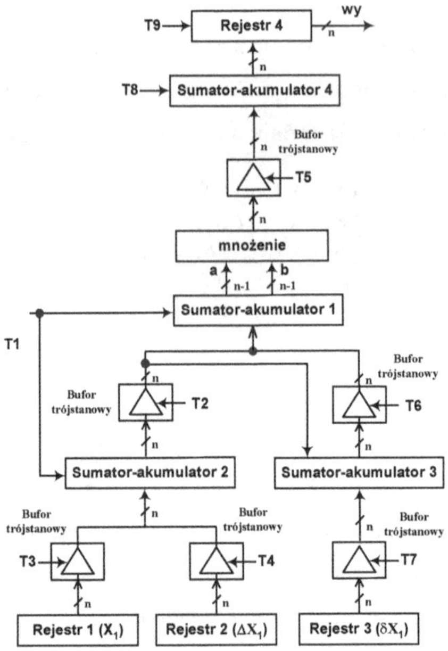

Rys. 6.31 Generator przebiegu poliharmonicznego

Strukturę uzupełniono o *rejestr 3*, *sumator-akumulator 3* i dwa bufory, czyli właściwie o dodatkowy generator sygnału. Wytwarzanie przebiegu poliharmonicznego odbywa się etapowo. W pierwszym kroku wytwarzana jest wartość sygnału podstawowego: scieżka1 tj. *rejestr 1*, *sumator-akumulator 2*, *sumator-akumulator 1*, *mnożenie*, *sumator-akumulator 4*. W następnym dodawana jest do niej wartość harmonicznej: scieżka2 tj. *rejestr 3*, *sumator-akumulator 3*, *sumator-akumulator 1*, *mnożenie*, *sumator akumulator 4*. Scieżka2 jest powtarzana tyle razy ile składowych ma być dodanych do sygnału podstawowego. Na zakończenie cyklu wyliczona wartość przepisywana jest do *rejestru 4* i wystawiana na wyjście generatora. Częstotliwość próbkowania przebiegu jest ustalona częstotliwością sygnału zegarowego *T9*. Kolejne wartości składowej podstawowej wytwarzane są ścieżką 1 (gdy jej częstotliwość ma być stała) lub ścieżką 1', tj *rejestr 2*, *sumator-akumulator 2*, *sumator-akumulator 1*, *mnożenie*, *sumator-akumulator 4* (gdy jej częstotliwość ma być zmienna). Harmoniczne tworzone są zawsze ścieżką 2.

W ramach prowadzonych eksperymentów wykonano praktyczną implementcję. Korzystając ze środowiska MAX+Plus II firmy Altera zrealizowano w układach FPGA układ generatora o przestrajanej częstotliwości. Został on zbudowany zgodnie ze schematem blokowym z rys. 6.30. Elementy takie jak sumatory, rejestry, funktory AND i OR były wzięte ze standardowej biblioteki, zaś układ mnożący potrzebował pewnej modyfikacji. Końcowy wynik jest tworzony z połączenia wyniku układu mnożącego z bitem znaku wytwarzanym na podstawie sygnału przepełnień licznika. Całością modułu steruje zaprojektowany specjalnie blok sygnałów zegarowych. Do implementacji użyto prostego układu EP1K30TC144-1 z rodziny APEX 1K.

Zużycie wewnętrznych zasobów :

Bity pamięci:	8192	(33 %)
Całkowita liczba komórek logicznych:	170/1728	(9%)
Całkowita liczba komórek implementowanych:	32/96	(33%)
Całkowita liczba użytych EABs	4/6	(66%)

Maksymalna częstotliwość zegara zewnętrznego dla w/w układu to 250 MHz, zaimplemetowany generator może wytworzyć sygnał o częstotliwości około 80MHz.

Literatura

[1] Ackenhusen J. G.: Real-time Signal Processing: Design and Implementation of Signal Processing Systems. Prentice Hall PTR, New York, 1999.

[2] Adams T. D., Schmit H.: A Model and Methodology for Hardware-Software Codesing. IEEE Design and Test of Computers, September 1993, s. 6-15.

[3] Amira A., Bouridane A.: An FPGA Implementation of Discrete Hartley Transform. 7'th International Symposium on Signal Processing and its Application, 1-4 July 2003, Paris, France, na CD.

[4] Amira A., Bouridane A., Milligan P., Roula M.: An FPGA Implementation of Walsh-Hadamar Transforms for Signal Processing. IEEE Signal Processing Society, International Conference on Acoustic, Speech and Signal Processing ICASSP, 7-11 May, Salt Lake City USA, 2001, na CD.

[5] Amira A., Bouridane A., Roula M., Kurugo F.: An FPGA Based Parametrisable System for Discrete Orthogonal Transforms Implementation. European Signal Processing Conference EUSIPCO 2002, September, Toulouse, France 2002, s. 591-594, vol. 1.

[6] Antoniou A.: Digital Filters Analysis, Design, Application. McGraw-Hill, New York, 1993.

[7] Baoumi M., Bhattacharyya S.S., Lauwereins R: Special Issue on Rapid Prototyping of DSP Systems. EURASIP Journal on Applied Signal Processing, May 2003, No. 6 s. 489-491.

[8] Barnes C.W: A Parametric Approach to the Realization of Second-order Digital Filter Sections. IEEE Trans. Circuits and Systems, June 1985, Cas-32 s. 530-539.

[9] Bednara M., Danne K., Deppe M., Oberschelp O., Slomka F., Teich J.: Design and Implementation of Digital Linear Control Systems on Reconfigurable Hardware. EURASIP Journal on Applied Signal Processing, May 2003, Vol.6 s. 594-602.

[10] Bilski P., Wojciechowski J., Brygilewicz W.: Diagnostics of Mechatronic Systems Using Fuzzy Logic and Wavelet Transform. European Conference on Circuit Theory and Design, 1-4 September Cracow 2003, Poland, s. III-377 do III-380.

[11] Broch J.T.: Mechanical Vibration and Shock Measurement. Bruel and Kjaer, Kopenhaga, 1980.

[12] Brodziewicz W., Jaszczak K.: Cyfrowe przetwarzanie sygnałów. WNT, Warszawa, 1987.

[13] Bruel & Kjaer: Order Tracking Analysis. Technical Review, Nr 2, Denmark 1995

[14] Burleson W.P: A VLSI Methodology for Distributed Arithmetic. Journal of VLSI Signal Proc., 1999, Vol.2 s. 235-252.

[15] Cappelini V., Emilliani P. L: A Special-purpose Online Processor for Band-pass Analysis, IEEE Trans., 18 August, 1970, Vol.2 s. 188-194.

[16] Cappelini W., Constantinidis A. G., Emiliani P.: Digital Filters and Implementatios. Academic Press, London, 1978.

[17] Cempel C.: Wibroakustyczna diagnostyka maszyn. WNT, Warszawa, 1989.

[18] Cempel C.: Vibroacustic Condition Monitoring. Hornwood E, Chichester-New York, 1991.

[19] Cempel C.: Innovative Developments in Systems Condition Monitoring. Proccedings of DAMAS 99, June 1999, Dublin, s. 172-188.

[20] Chanerley A., Roske H.: Integer Coefficient Digital Filter. Mixed Design of Integrated Circuits and Systems, 15-17 June 2000, Gdynia, Polska, s. 569-570.

[21] Chehida K. B., Aguin M., Raimblaut S.: Architecture and Application Partitioning for Reconfigurable System Design. 11th European Signal Processing Conference, 3-6 September 2002, Touluse, France, s. 249-252, vol. II.

[22] Dąbrowski A., Figlak P., Gołębiewski R.: Przetwarzanie sygnałów przy użyciu procesorów sygnałowych, WPP, Poznań, 1997.

[23] Dąbrowski A., Sozański K.: Implementation of Multirate Modified Wave Digital Filters Using Signal Processors. XXI Krajowa Konferencja Teoria Obwodów i Układy Elektroniczne, KKTUIE98, Poznań 1998.

[24] Dido J., Geraudie N., Loiseau L., Payeur O., Savaria Y.: A Flexible Floating-Point Format for Optimizing Data-Paths and Operators in FPGA Based DSP's. 10th ACM International Symposium on Field Programmable Gate Arrays, 24-26 February 2002, Monterey, USA, s. 50-58.

[25] El-Masry E.I., Sakla A.A.: Design of Digital Filters via Elements Extraction Approach. International Symposium Circuits and Systems, March 1983, s. 713-716.

[26] Engel Z.: Ochrona środowiska przed drganiami i hałasem, WNT, Warszawa, 2001.

[27] Engel Z.: Why vibroacustic?. Międzynarodowy Kongres Diagnostyki Technicznej, Diagnostics 2000, 6-8 Czerwiec 2000, Warszawa, s. 107-108.

[28] Engel Z., Stryczniewicz L: Vibroacoustic Modelling of Machines. Bulletin of Polish Academy of State, Warszawa 2001, s. 379-393.

[29] Engel Z.,Cempel Cz: Vibroacoustic and its Place in Science, Bulletin of The Polish Academy of Sciences, Warszawa 2001, Vol. 49, no.2.

[30] Gajski D., Vahid F.: Specification and Design of Embedded Hardware-software Systems. IEEE Design and Test of Computers, Spring 1995, s. 53-67.

[31] Gribanow J. I., Małkow W. Ł .: Spiektralnyj analiz sluczajnych procesov. Energia, Mińsk, 1974 (w jęz. rosyjskim).

[32] Handkiewicz A., Łukowiak M., Kropidłowski M.: FPGA Implementation of Low -Sensitive IIR Digital Filters. Mixed Design of Integrated Circuits and Systems MIXDES 2000, 15-17 June 2000, Gdynia, Polska, s. 425-428.99

[33] Harris F.: An Efficient Constant-Q Analyzer Architecture Using All-Pass Recursive Filters. Communication Systems and Signal Processing Inst., San Diego State University, USA, December 2000.

[34] Horn R. A., Johnson C. R.: Matrix analysis, Cambridge University Press, 1986.

[35] Hughes P. M., Cheetham B. M. G.: The Generation of Equivalent Digital Filter Structures by a Modified Multiplier Extraction Approach. IEEE Trans. Circuits and Systems. August 1982, s. 516-525.

[36] Hyunok O., Soonhoi H.: Hardware-Software Cosynthesis of Multi-Mode Multi-Task Embedded Systems with Real-Time Constraints. 10-th International Symposium on Hardware/Software Co-Design. 6-8 May 2002, Colorado USA, s. 133-138.

[37] International Standart CEI/IEC 1260.: Electroaccoustic-Octave-band and Fractional Octave-band Filters. Reference Number CEI/IEC 1260, 199X.

[38] Izydorczyk J., Płonka G., Tyma G.: Teoria sygnałów, Helion, Gliwice, 1999.

[39] Jackson L. B: Roundoff-noise Analysis for Fixed-Point Digital Filters Realized in Cascade or Parallel Form. IEEE Trans, 1970, August 18, No.2, s. 107-122.

[40] Jamro E., Wiatr K: Implementacja operacji konwolucji o stałych współczynnikach w układach FPGA. Kwartalnik Elektroniki i Telekomunikacji, 2003, Vol.3 s. 295-315.

[41] Jenkins G., Watts D.: Spectral Analysis and its Applications. Holden Day, San Francisco, USA, 1969.

[42] Johnson D., Johnson J., Moore H.: A Handbook of Active Filters. Prentice-Hall, New York, 1983.

[43] Jones A. B., Cavallaro J. R: A Rapid Prototyping Environment for Wireless Communication Embedded Systems. EURASIP Journal on Applied Signal Processing, 1 May 2003, Vol.6 s. 603-614.

[44] Kalavade A., Lee E: A Hardware-Software Codesign Methology for DSP Applications. IEEE Design and Test of Computers, September 1993, s. 16-28.

[45] Kaluri K., Leong W., Tan K., Johnson L., Soderstrand M.: Improved Hardware Implementation of FIR Digital Filters Through Order Augmentation, Scaling and Adder Extraction. IEEE Signal Processing Society, International Conference on Acoustic, Speech and Signal Processing ICASSP, May 7-11, Salt Lake City Utah, USA, 2001, na CD.

[46] Kay S.M.: Fundamentals of Statistical Signal Processing Estimation Theory. Prentice-Hall, Upper Saddle River, NY, 1993.

[47] Kittitornkun S., Yu Hen Hu: Programmable Digital Signal Processors in Programmable Signal Processors pod red. Yu Hen Hu, rozdz.1, Marcel Dekker, Inc New York, Basel 2002.

[48] Korszunov J., Stiepaszkin A.I: Diskretnyj gienierator sinusoidalnych signalov, Izv. vuzov ZSRR, 1967 Vol.11 s. 45-47 (w jęz. rosyjskim).

[49] Lee E.A., Varaiya P.: Structure nad Interpolation of Signal and Systems. UC Berkeley, Berkeley, USA, 2000.

[50] LEE I., WU C., WU A.: Cost-efficient Multiplier-less FIR Filter Structure Based on Modified Decor Transformation. IEEE Signal Processing Society, International Conference on Acoustic, Speech and Signal Processing ICASSP. May 7-11, Salt Lake City, USA, 2001, na CD.

[51] Linggard R., Boyd J: High Speed Digital Filter Bank. IEE Proc., 1981, Vol.128, Pt. E, s. 212-216.

[52] Lozano A., Carlosena A: DSP-Based Implementation of an ANSI S1.11 Acoustic Analyzer. IEEE Transactions on Instrumentation and Measurement, August 2003, Vol.52, No. 4, s. 1213-1219.

[53] Wu-Sheng L.: Minimax Design of 2-D FIR Filters with Low Group Delay Using Convex Optimization. 11th European Signal Processing Conference EUSIPCO'2002, 03-06 September, 2002, Toulouse, France, s. 199-202.

[54] Madisetti V.K., Williams D.B.: Digital Signal Processing Handbook. CRC Press LLC, New York, USA, 1999.

[55] Martinez-Peiro M., Valls J., Snasaloni T., Pascaual A.P., Boemo E.I.: A Comparison Between Lattice and Direct Form FIR Filter Structures by Using a FPGA Bit-Serial Distributed Arithmetic Implementation. The 6'th IEEE International Conference ICECS'99, 5-8 September 1999, s. 241-244.

[56] Martinez-Peiro M., Colom R., Ballester F., Gadea R: FPGA-Based FIR Filters using Distributed Arithmetic. Online Symposium for Electronics Engineers, Feb 2002, OSEE 2, http://www.techonline.com/community/ed_resource/feature_article/20135__CU1438342475WW.

[57] Marven C., Ewers G.: A Simple Approach to Digital Signal Processing, Texas Instruments, Oxford and Northampton, Great Britain, 1994.

[58] Maurizio M., Molino A., Terreno A., Vacca F.: FPGA Implementation of Reconfigurable SPIHT Coprocessor. 7'th International Symposium on Signal Processing and its Application, 1-4 July 2003, Paris, France, na CD.

[59] Mertins A.: Signal Analysis. John Wiles & Sons, Chichester, England, 1999.

[60] Michaiłow E. P., Sysojew W. D., Filipski J. K: Projektirowanije cifrowoj spektralnoj analizy sygnalov, Izw. Wuzow, Radioelektronika, 1976, Vol.7, s. 111-114 (w jęz. rosyjskim).

[61] Mintzer L: Among DSP Design Choises - A Middle Way. Proceedings ICSPAT'93, 1993.

[62] Mitra K.S.: Digital Signal Processing. McGraw-Hill, New York, USA, 2002.

[63] Nagle H. T., Nelson V. P.: Digital Filter Implementation on 16-bit Microcomputers. IEEE Micro., February 1981, s. 23-32.

[64] Omieljanowicz M, Piotrowski A.: Procesor potokowy banku cyfrowych filtrów na bazie arytmetyki rozproszonej. IV Krajowa Konferencja KOWBAN'97, 16-18 październik Wrocław, 1997, s. 341-346.

[65] Omieljanowicz M., Piotrowski A.: Synteza cyfrowych filtrów w analizatorach wibroakustycznych czasu rzeczywistego w postaci kaskady identycznych ogniw niskiego rzędu. XXXV Międzyuczelniana Konferencja Metrologów, 8-11 wrzesień 2003, Kraków, s. 147-152.

[66] Omieljanowicz M., Piotrowski A: Arytmetyka rozproszona w technice cyfrowego przetwarzania sygnałów na przykładzie cyfrowych filtrów. Elektronizacja, Podzespoły i zastosowania elektroniki, listopad 2000, Warszawa, s. 23-28.

[67] Omieljanowicz M., Piotrowski A.: Wieloprocesorowy system pomiarowy czasu rzeczywistego o architekturze z współdzieloną pamięcią pracujący w dziedzinie rzędów. XII Sympozjum Modelowanie i Symulacja Systemów Pomiarowych, 8-11 wrzesień 2003, Kraków, s. 71-80.

[68] Omieljanowicz M., Zubrycki P., Piotrowski A., Rubin G.: FPGA-Based Algorithms and Hardware for Generating Digital Sine Waves. 9th International Conference MIXDES 2002. 4-6 July 2002, Wrocław, s. 279-284.

[69] Oppenheim A. V., Schafer R.: Cyfrowe przetwarzanie sygnałów, WKiŁ, Warszawa, 1979.

[70] Ozimek E.: Podstawy teoretyczne analizy widmowej, PWN, Warszawa-Poznań, 1985.

[71] Papoulis A.: Signal Analysis. McGraw-Hill, New York, 1977.

[72] Parhi K.K: Algorithm Transformation Techniques for Concurrent Processor. Proc. IEEE, Dec 1998, Vol. 77, s. 1879-1895.

[73] Petrovski A., Baszun J.: Design of Digital Tunable Bandpass Filters: Synthesis and Applications. Kwartalnik Elektroniki i Telekomunikacji, 2001 Warszawa, Vol.41, s. 5-25.

[74] Petrovski A., Baszun J.: Finite Word Length Effects In Tunnable Recursive Bandpass Filters. Kwartalnik Elektroniki i Telekomunikacji, 2001 Warszawa, Vol.41, s. 27-41.

[75] Petrovsky A. A., Petrovsky A.: Reconfigurable Processing The Solution to Audio Coding in Real Time. Mixed Design of Integrated Circuits and Systems MIXDES 2002, 20-22 June 2002, Wrocław, s. 629-634.

[76] Petrovsky A., Krahe D., Petrovsky A. A: Real-Time Wavelet Packet-based Low Bit Rate Audio Coding on a Dynamic Reconfiguration System. 114th Convention Audio Engineering Society, 2003, Amterdam, Netherlands, s. 22.

[77] Petrovsky A., Sercov V., Omieljanowicz M.: Automated Digital IIR Filter Structures Design in FPGA-based Devices. International Conference Mixdes Design of Integrated Circuits and Systems MIXDES'98. July 1998, Łódź, s. 265-270.

[78] Petrovsky A., Stankevich A.: Order Extraction as Order Waveform Based on The Digital Tracking Filter of Low Orders. Structures-Waves-Biomedical Engineering, Polskie Towarzystwo Akustyczne, Kraków 2001, Polska, Vol.10, No. 1 s. 61-72.

[79] Petrowski A., Stankevich A.,. Balunowski J.: The Order Tracking Front-end Algorithms in the Rotating Machine Monitoring Systems Based on the New Digital Low Order Filtering. Sixth International Congress on Sound and Vibration, 5-8 July 1999, Denmark, s. 2985-2992.

[80] Peyton Z. P. Jr.: Probability, Random Variables, and Random Signal Principles. McGraw-Hill, Inc., New York, 1987.

[81] Pietrzak P., Kulesza Z., Piotrowicz M., Napieralski A.: Modification of Acquisition Method in Vibration Measurement of The Large Rotating Machines. Mixed Design of Integrated Circuits and Systems MIXDES'2002, 20-22 June 2002, Wrocław, Polska, s. 655-658.

[82] Piotrowski A., Omieljanowicz M.: Śledzący analizator widma do monitorowania pracy maszyn wirujących w czasie rzeczywistym. IX Konferencja Systemy Czasu Rzeczywistego, 16-19 wrześ-nia 2002, Ustroń, s. 427-436.

[83] Piotrowski A., Omieljanowicz M.: Programirumyje Procesory Cifrowoj Obrabotki Signałow:Architektura, Programirowanije, Tendencji Rozvitia. Nauczno-Techniczeskaja Konferencja: Sovremiennyje problemy radiotechniki, elektroniki i sviazi. 4-5 Maj 1995 Mińsk, Białoruś, s. 185-186.

[84] Piotrowski A., Parfieniuk M., Omieljanowicz M.: Computationaly Efficient Hypercomplex Filters Based on Matrix-by-Vector Multiplier. Proc. IEEE Workshop Signal Processing, October 2001, Poznań, s. 7-12.

[85] Piotrowski A., Stankiewicz A., Balunowski J., Stołbut A.: Diagnostic Symptoms Forming in the Rotating Machine Monitoring Based on the Order Tracking Analysis. II International Congress of Technical Diagnostics, 19-22 wrzesień 2000, Warszawa, na CD.

[86] Pirsch P.: Architectures for Digital Signal Processing, Wiley, Chichester UK, 1998.

[87] Pleban D., Engel Z.: Non-obligatory Methods of the Acoustic Assessment of Machines in Poland. International Congress on Noise Control Engineering, 6-8 December 1999, Fort Lauder-dale, USA, s. 45-50.

[88] Pogribny W., Drzycimski M.: Structures of Digital Filters Based on Serial Algorithms. Mixed Design of Integrated Circuits and Systems MIXDES 2000, 15-17 June 2000, Gdynia, Polska, s. 491-496.

[89] Popea C., Dumitrescu B., Jora B.: An Efficient Algorithm for Filter Bank Completion. IEEE Signal Processing Society, International Conference on Acoustic, Speech and Signal Processing, May 7-11, 2001, Salt Lake City,USA, na CD.

[90] Potter R.: A New Order Tracking Method for Rotating Machinery. Sound and Vibration, September 1990, s. 30-33.

[91] Potter R., Gribler M.: Computer Order Tracking Obsoletes Older Methods. SAE Noise and Vibration Conference, May 1989, s. 63-67.

[92] Poularikas A.: The Handbook of Formulas and Tables for Signal Processing. CRC Press LLC, Boca Raton, Florida USA, 1999.

[93] Proakis J.G., Monolakis D.G.: Digital Signal Processing: Principles, Algorithms, and Applications. MacMillan Publishing Company, New York, 1992.

[94] Rabiner L. R. Rader C. M.: Digital Signal Processing, Prentice-Hall. Englewood Cliffs, New York, 1975.

[95] Rabiner L. R., Schafer R. W.: Digital Processing of Speech Signals. Prentice-Hall, Inc, Engelwood Clifs, New Jersey, 1978.

[96] Rabiner R. L., Gold B.: Theory and Application of Digital Signal Processing. Prentice-Hall, Engelwood Cliffs, New York, 1978.

[97] Rakhmatov D.N.,Vrudhula Sarma B.K. : Hardware-Software Bipartitioning for Dynamically Reconfigurable Systems. 10th International Symposium on Hardware/Software Co-Design, 6-8 May 2002, Colorado, USA, s. 145-150.

[98] Raport z realizacji projektu badawczego KBN nr 7T07B03318: Opracowanie teoretycznych podstaw śledzącej analizy widmowej niestacjonarnych procesów maszyn obrotowych w dziedzinie rzędów dla stworzenia wielozadaniowego reprogramowalnego przenośnego analizatora pracującego w czasie rzeczywistym. Piotrowski A., Omieljanowicz M., Rubin G., 2002

[99] Richards M.A.: The Rapid Prototyping of Application Specific Signal Processors Program: Overview and Accomplishments. Proceedings 1st Annual RASSP Conference, August 1994, s. 1-8.

[100] Rika I., Tetsuya F., Kenji S., Ryuichi H.: New Design Method of FIR Filters with SP2 Coefficients Based on a New Linear Programming Relaxation with Triangle Inequalities. 11th European Signal Processing Conference, 3-6 September 2002, Toulouse, France, s. 615-618, vol. II.

[101] Rorabaugh C. B.: Digital Filter Designer's Handbook. Prentice Hall, Engelwood Cliffs, 1993,

[102] Rubin G., Zubrycki P., Omieljanowicz M.: An Order Tracking Analysis System Using Labview Based on the PCI Card 7030/6040E. Digital Signal Processing and its Application, 12-14 March 2003, Moscow, s. 41-43.

[103] Schafer R.W., Rabiner L.R., Herrman o: FIR Digital Filter Banks for Speech Analysis. Bell Syst. Tech., 1975, Vol. 54, No. 3, s. 531-544.

[104] Shin H., Ryoo Y-J., Lee J-P., Son J-W., Kim W-W.: An Implementation and Analysis of Programmable Doppler Filter Bank Using ADSP21060s. 7th International Symposium on Signal Processing and its Applications, 1-4 July 2003, Paris, France, na CD.

[105] Sienski K., Legako M.: Hardware Efficient FIR Filter Structures From Linear Program Design Constrains. IEEE International Conference on Acoustic, Speech, and Signal Processing, 7-10 May 1996, s. 1280-1282, vol. 3.

[106] Silverstein S.D., Engeler W.E., Tardif J.A: Parallel Architecture for Multirate Superresolution Spectrum Analyzers. IEEE Trans. Circuits and Systems, 1991, Vol. 38, No. 4, s. 449-453.

[107] Sinead M., Conor H.: Alternative Least Mean Square Adaptive Filter Architectures for Implementation on Field Programmable Gate Arrays. 11th European Signal Processing Conference, 3-6 September 2002, Toulouse, France, s. 241-244, vol.II.

[108] Singh J., Veljanovski R., Faulkner M., Owall V.: Design and ASIC Performance Analysis of Reconfigurable Digital Filter for UMTS Application. 7'th International Symposium on Signal Processing and its Application, 1-4 July 2003, Paris, France, na CD.

[109] Szczupak J., Mitra S.K.: Digital Filter Realization Using Successive Multiplier - extraction Approach. IEEE Trans. Acoustic, Speech, and Signal Processing, vol. ASSP-23, 2 Apr 1975, s. 235-239.

[110] Tanougast C., Berviller Y., Weber S., Brunet P: A Partitioning Methodology That Optimises the Area on Reconfigurable Real-Time Embedded Systems. EURASIP Journal on Applied Signal Processing, May 2003 Vol.6, s. 494-501.

[111] Taylor F.: Digital Filter Design Handbook. Marcel Dekker, New York, 1983.

[112] Temes G. T., Mitra S. K.: Teoria i projektowanie filtrów, WNT, Warszawa, 1978.

[113] Tessier R., Burleson W.: Reconfigurable Computing and Digital Signal Processing: Past, Present and Future in: Programmable Digital Signal Processors Architecture, Programming, and Applications. pod red. Yu Hen Hu, rozdz.4, Marcell Dekker Inc. New York, Basel 2002.

[114] Torokhti A., Howlett P., Pearce C: A Causal Optimal Filter of the Second Degree. 11th European Signal Processing Conference EUSIPCO'2002, 03-06 September 2002, Toulouse, France, s. 599-602, vol.II.

[115] Turner R., Courtney T., Woods R.: Implementation of Fixed DSP Functions Using the Reduced Coefficien Multiplier. IEEE Signal Processing Society, International Conference on Acoustic, Speech and Signal Processing ICASSP, May 7-11 2001, Salt Lake City, USA, na CD.

[116] Villasenor J., Hutchings B.: The Flexibility of Configurable Computing. IEEE Signal Processing Magize, September 1998, s. 67-84.

[117] Vinod A. P., Lai M-K., Premkumar A., Lau C. T.: Hardware Efficient FIR Filter Implementation Using Subfilters for Digital Receivers. 7'th International Symposium on Signal Processing and its Application, 1-4 July 2003, Paris, France, na CD.

[118] Wade G., Van-Eetvelt P.: Synthesis of Efficient Low-order FIR Filters from Primitive Sections. IEE Proc., Part G. 137(5), 1990, s. 367-372.

[119] Wei L. J., Ching L. Y.: Designing the Fast Filter Bank with a Minimum Complexity Criterion. 7th International Symposium on Signal Processing and its Application, 1-4 July 2003, Paris, France, na CD.

[120] Wellstaed P. E.: Methods and Application of Digital Spectral Techniques. Solatron Instr., 1984.

[121] White S.A.: Applications of Distributed Arithmetic to Digital Signal Processing: A Tutorial Review. IEEE ASSP Magazine, July 1989, s. 4-19.

[122] Wu-Sheng L.: Minimax Design of 2-D FIR Filters width Low Group Delay Using Convex Optimization. 11th European Signal Processing Conference, 3-6 September 2002, Toulouse, France, s. 537-540, vol. II.

[123] Xilinx, Inc: The Role of Distributed Arithmetic in FPGA-based Signal Processing. Application Note, 1996.

[124] Yan A., Cheng R., Wilton S.: On the Sensitivity of FPGA Architectural Conclusions to Experimental Assumptions, Tools and Techniques. 10th ACM International Symposium on Field Programmable Gate Arrays, 24-26 February 2002, Monterey, USA, s. 147-156.

[125] Yang Y., Ihalainen T., Alhava J., Renforce M.: DSP Implementation of Low-Complexity Equalizer for Filter Bank Based Multicarier Systems. 7'th International Symposium on Signal Processing and its Application, 1-4 July 2003, Paris, France, na CD.

[126] Zhu C., Lian Y.: A New Digital Filter Bank for Audio Application. 7th International Symposium on Signal Processing and its Application, 1-4 July 2003, Paris, France, na CD.

[127] Zieliński T. P.: Od teorii do cyfrowego przetwarzania sygnałów, Wydział EAIiE AGH, Kraków, 2002.

[128] Zubrycki P., Rubin G., Piotrowski A., Omieljanowicz M.: Procesor czasu rzeczywistego do

prowadzenia diagnostyki w dziedzinie rzędów. V Krajowa Konferencja Diagnostyka Techniczna Urządzeń i Systemów, 13-17 październik Ustroń, 2003, s. 410-412.

[129] Motorola, Inc: http://e-www.motorola.com/

[130] Altera Corporation: http://www.altera.com

[131] Analog Devices, Inc.: http://www.analogdevices.com

[132] Bruel & Kjaer: http://www.bksv.com

[133] DLI Engineering: http://www.dliengineering.com

[134] Renesas Technology Corp.: http://www.eu.renesas.com/products/mpumcu/32bit/superh-overview_eu.html

[135] Ono Sokki: http://www.onosokki.co.jp

[136] Oros Inc.: http://www.oros-signal.com

[137] Svantek: http://www.svantek.com.pl

[138] Texas Instruments, Inc: http://www.ti.com, http://dspvillage.ti.com

[139] Xilinx, Inc.: http://www.xilinx.com

FSC
www.fsc.org
MIX
Papier | Fördert
gute Waldnutzung
FSC® C083411

Kolibri 360 GmbH
Ferdinand-Jühlke-Straße 7
99095 Erfurt, Deutschland
produktsicherheit@kolibri360.de

Druck:
CPI Druckdienstleistungen GmbH
im Auftrag der
Kolibri 360 GmbH
Ferdinand-Jühlke-Str. 7
99095 Erfurt